I0876802

Kohlhammer

Kompendien Praktische Theologie

Herausgegeben von:

Thomas Klie und Thomas Schlag

Band 4

Die Kompendien Praktische Theologie bieten kompakte und anschauliche Überblicke über die Teilgebiete der Praktischen Theologie. Die einzelnen Bände präsentieren gesichertes Grundlagenwissen mit Bezug auf gegenwartsrelevante Fragestellungen und orientieren sich an folgenden Leitthemen: Problemhorizont und gegenwärtige Herausforderungen – Geschichte der Disziplin – Systematische Entfaltung – Empirische Erkenntnisse – Enzyklopädische Verortung im Ganzen der Praktischen Theologie. Besonderes Augenmerk liegt auf der Verzahnung von Theoriebildung und Praxisreflexion, der Integration in internationale Diskurse sowie dem Dialog mit Partnerwissenschaften außerhalb der Theologie.

Birte Platow

Religionspädagogik

Verlag W. Kohlhammer

1. Auflage 2020

Gesamtherstellung: W. Kohlhammer GmbH, Stuttgart

Print:
ISBN 978-3-17-034074-9

E-Book-Formate:
pdf: ISBN 978-3-17-034075-6
epub: ISBN 978-3-17-034076-3
mobi: ISBN 978-3-17-034077-0

Inhalt

Vorwort

Das vorliegende Buch hat als Band einer Kompendienreihe dem Genre entsprechend zunächst einmal das Anliegen, eine Zusammenfassung sowie einen Überblick über einen abgrenzbaren Bereich, hier die Religionspädagogik, zu bieten. Neben einer kompakten Darstellung relevanter Informationen zum Thema möchte der Text jedoch auch zum Weiterdenken anregen, durchaus im Sinne der Wortherkunft von ›Kompendium‹, das von lateinisch ›cum pendere‹ (zusammen abwägen) kommt. So will der Text die Lesenden einladen, über dargestellte historische Entwicklungen und Zusammenhänge (in Kap. 1 und 4), empirische Befunde zu den Bedingungen von religiösen Lernprozessen (Kap. 2) oder aber die Darstellung des fachspezifischen Profils der Disziplin (Kap. 3) hinaus zu überlegen, worin unaufgebbare Alleinstellungsmerkmale religiöser Bildung im Kontext von Bildung generell in der heutigen Praxis (Kap. 5) oder aber der Zukunft religiöser Bildung (Kap. 6) liegen könnten. Weiter möchte ich vor dem Hintergrund der verschiedenen Kontexte der Leserschaft, die von der Vorbereitung Studium abschließender Prüfungen bzw. in der ersten Phase der Berufspraxis bis in die routinierte Ausübung des Berufs reichen dürften, dazu anregen, dass die Leserinnen und Leser sich nicht nur Wissen aneignen, sondern vor allem eine *eigene* Haltung zum Gelesenen entwickeln bzw. die Textrezeption zum Anlass nehmen, kritisch zu prüfen, inwiefern die sie umgebende Bildungspraxis den Ansprüchen einer christlich-theologisch fundierten Bildung entspricht, wie sie im Kern die Religionspädagogik ausmacht. Damit wäre übrigens auch dem Anspruch protestantischer Berufsethik Rechnung getragen, die Beruf bekanntlich als Berufung versteht.

Worin liegt nun aber das beschworene *unaufgebbare Moment* religiöser Bildung, das den Anspruch erhebt einen genuinen Beitrag zur umfassenden Bildung des Menschen sowie zum generellen Bildungsdiskurs leisten zu können? Betrachtet man die Diskurse um das Existenzrecht eines (konfessionellen) Religionsunterrichts (als einem sehr expliziten Ort religiöser Bildung) in der öffentlichen Schule in Vergangenheit und Gegenwart, erkennt man, dass die Sinnhaftigkeit religiöser Bildung zumindest an diesem Lernort (und vielleicht auch darüber hinaus) durchaus umstritten ist. Weiter wäre dann zu fragen, welche Berechtigung dann die Religionspädagogik hätte, die religiöse Bildungsprozesse begründet und gestaltet.

Ohne zu weit im Text vorzugreifen ist dazu anzumerken, dass religiöse Bildung missverstanden wäre, wenn man sie nur auf die Einführung in religiöses Wissen und Verhaltensrepertoire reduziert. Ein religiös gebildeter Mensch zeichnet sich vielmehr durch eine spezifisch interpretierte *ganzheitliche* Bildung aus, die den Menschen in all seinen Facetten anspricht. Dies beinhaltet auch seine religiöse Dimension – daher propagiert u. a. Schweitzer auch ein »Recht des Kindes auf Religion« (Schweitzer 2013). Eine religiös gebildete Persönlichkeit kann religiöse Phänomene nicht nur wahrnehmen, deuten und ihnen Ausdruck verleihen, sondern zeichnet sich weiter dadurch aus, dass sie sich auch ihrer weiteren Umwelt und ihrer Lebenszusammenhänge in spezifischer Perspektive gewahr wird. Religiöser Bildung wohnt nämlich in ihren Ursprüngen wie heute ein enormes kritisches wie emanzipatorisches Potenzial inne. So ermutigt eine Selbstwahrnehmung, wie sie in der christlichen Theologie angelegt ist, zu kontinuierlicher kritischer Selbstfindung ebenso wie zu Akzeptanz. In dieser Perspektive gilt weiter: der Mensch ist niemals das, was er sein könnte und sein will; aus dieser Differenz ergibt sich ja gerade eine Bildungsaufgabe, aber eben auch die Freiheit gegenüber fremden und überfremdenden Ansprüchen aus dem Umfeld des Individuums. Eine religiös begründete Wahrnehmung des Subjekts stellt daher auch einen Gegenentwurf – oder in gewisser Weise einen Protest – zu dominant funktionsbezogenen Abbildungen des Menschen dar, wie sie mitunter in der Wahrnehmung des Individuums durch die Gesellschaft aber auch in manchen Bildungstheorien sowie deren bildungspolitischen Realisierungen anzutreffen sind.

Das kritisch emanzipatorische Potenzial christlich-theologisch fundierter Bildung ist u. a. mit dem christlichen Menschenbild zu begründen, das eine der frühsten Wurzeln des Bildungsgedankens darstellt (Kap. 1). Was eine religiös gebildete Persönlichkeit in ihrem persönlichen Umfeld vermag, kann die Religionspädagogik im disziplinübergreifenden Diskurs auf wissenschaftlicher wie bildungspolitischer Ebene leisten. Als Rekonstrukteurin und Deuterin einer theologischen Konstitution von Bildung und als Patin der allgemeinen Pädagogik (Kap. 3) kommt der Religionspädagogik die Aufgabe zu, vor den je aktualen Bedingungen Entwicklungen und vorherrschende Konzipierungen von Bildung (kritisch) zu reflektieren. Denn es gilt: »Jedem religionspädagogischen und bildungstheoretischen Ansatz liegt eine bestimmte theologische Anthropologie bzw. anthropologische Theologie zugrunde« Boschki 2008, 41). Als apriorische Bestimmung von Bildung und ihren Adressat(inn)en sind anthropologische Vorannahmen also weit mehr als eine abstrakte Hintergrundphilosophie, stehen doch zentrale pädagogische Grundfragen – etwa die nach Anlass, Sinn und Ziel von Bildung – aber auch konkrete didaktische Entscheidungen (etwa inhaltliche oder methodische) im Zusammenhang damit, welche Grundansichten Lehrende in Bezug auf ihre Aufgabe und die ihnen Anvertrauten vertreten.

Im vorliegenden Band habe ich mich aus zwei Gründen häufig für historische Zugänge zu den verschiedenen Themen und Kapiteln entschieden. Zum einen ist in ihnen exemplarisch und vor verschiedenen politischen und gesellschaftlichen Kontexten das weite Feld komplexer Wirkfaktoren veranschaulicht, die eine Rolle spielen, wenn es darum geht Ideen von Bildung eine konkrete Form zu geben. Zum anderen können historische Exkurse aber auch als Blaupause für die Deutung aktueller wie zukünftiger Zusammenhänge dienen. Obwohl oder gerade weil Darstellungen historischer Situationen meist retrospektiv und interpretativ sind, werfen sie Fragen auf, die nicht selten ihrerseits vor dem Hintergrund der Gegenwart entstehen.

In diesem Sinne hoffe ich, dass der vorliegende Kompendienband nicht nur Fragen beantwortet, sondern auch vor allem auch zu weiterführenden Fragen und Diskussionen anregt.

Mein ganz besonderer Dank gilt den Herausgebern dieser Reihe Prof. Dr. Thomas Klie und Prof. Dr. Thomas Schlag. Sie haben mir nicht nur das Vertrauen ausgesprochen, den vorliegenden Band zu verfassen, sondern sie haben mich auch in großartiger Weise dabei unterstützt – als kritisch-konstruktive Leser und stets zugewandte und helfende Begleiter. Weiter möchte ich Dr. Sebastian Weigert für seine umfassende Begleitung, Florian Specker für sein umsichtiges Lektorat sowie dem gesamten zuständigen Team des Kohlhammer Verlags für die vielseitige und engagierte Unterstützung bei der Realisierung dieses Buchprojekts danken. Beim Schreiben »vor Ort« war mir Dominik Holoubek eine wichtige Hilfe, hat er doch unermüdlich gegen meine Vorliebe für Schachtelsätze und das Auslassen von Verben gekämpft. Weiter hat mich Prof. Dr. Elisabeth Naurath unterstützt, die mir seit Jahren vertrauensvoll jeden erdenklichen Freiraum und Unterstützung bei diesem und vielen weiteren Projekten gewährt. Zuletzt möchte ich Prof. Dr. Godwin Lämmermann danken, der meine Begeisterung für die Religionspädagogik überhaupt erst geweckt hat. In zahlreichen Diskussionen, Streits und der Teilhabe an spannenden Forschungsprojekten hat er mir einen unverwechselbaren Blick auf mein Fach und darüber hinaus auf das Leben eröffnet.

1 Ideengeschichte religiöser Bildung

Die Ideengeschichte einer religiösen Bildung stellt sich diffus und vielschichtig dar. Bereits in vorchristlicher Zeit gab es verschiedenste Vorstellungen, was denn Bildung allgemein und religiöse Bildung im Besonderen sei, welches Bild vom Menschen und welche Motive ihr zugrunde zu legen seien, und welchem Zweck sie zu dienen habe. Hinzu kommt, dass in den Schriften des Alten Testaments und auch in der Folgezeit kaum explizite Aussagen zu Bildung oder gar konkret zu Unterricht zu finden sind. Insofern stellt sich die Frage nach dem Nutzen eines ideengeschichtlichen Zugangs zum Verständnis der Religionspädagogik.

Zunächst ist zu differenzieren zwischen Religionspädagogik in historischer Perspektive und einer *ideen*geschichtlichen Betrachtungsweise. Während erstgenannte die Genese und Fortentwicklung der Religionspädagogik (Kapitel 3) rekonstruiert, nimmt die Ideengeschichte epochentypische Mentalitäten und deren Umgang mit spezifischen Fragen – etwa nach der religiös begründeten Bildung des Menschen – in den Blick. Dabei geht es nicht um die lineare Rekonstruktion eines Werdegangs, sondern vielmehr um das Nachzeichnen markanter Motive, deren Vertiefung, Widerlegung, Abdankung und Neuinterpretation, um elementare Grundanliegen besser zu verstehen. Ein solches Leitmotiv stellt beispielsweise die Vision einer Möglichkeit dar, die in der christlichen Anthropologie begründet ist, konträr dazu die – ebenfalls theologisch argumentierende – Abrede eines solchen Potenzials. Bildung wäre dann eine von außen angewiesene Veränderung und ein Einfügen in Externes, etwa in die Anliegen einer fremden Instanz (der Gesellschaft oder eines ihrer Subsysteme). In einem solchen Falle wäre ›Bildung‹ somit wohl eher mit Sozialisation zu identifizieren.

Das skizzierte Spannungsfeld zeigt exemplarisch zwei Pole auf und verweist darauf, dass eine ideengeschichtliche Rekonstruktion der Religionspädagogik hilft, auch die Gegenwart und aktuelle Herausforderungen religiöser Bildung zu durchdenken.

Insofern trägt ein Gang durch die Ideengeschichte auch zur Orientierung und Argumentationsfähigkeit bei, zumal sich gegenwärtige Theoriebildung und Didaktik religiöser Bildung noch immer in Anlehnung oder Abgrenzung zu Grundideen ereignet und in nachfolgend skizzierten Paradigmen bewegt.

1.1 Altes Testament

Bereits in den Texten des Alten Testaments verdichten sich elementare Ansichten über Grundfragen von Bildung und rufen zu einer vielschichtigen Auseinandersetzung auf, etwa wenn sie die Beziehung von Mensch und Gott sowie die zwischen Menschen thematisieren und fragen: Was ist der Mensch? Wer kann er sein? Wer soll er sein? Etwas ernüchternd ist allerdings festzustellen: Direkt und argumentativ zusammenhängend findet sich wenig zu biblischen Erziehungs- bzw. Bildungsvorstellungen, weil das Thema explizit nur selten aufgegriffen wird.

1.1.1 Bildung als Erziehung in der Weisheitsliteratur

Grundfragen zur Bildung des Menschen sind unter anderem Gegenstand der Weisheitsliteratur, deren Ursprung nachexilisch zu datieren ist und eine Zeitspanne von ca. drei Jahrhunderten abdeckt (6.–3. Jahrhundert vor Christus). In diesem Zeitraum vollzieht sich eine Entwicklung in der Weisheitslehre: Die Sichtweise auf den Menschen und sein Bildungspotenzial wird zunehmend pessimistisch, das Ideal der Weisheit selbst brüchig, bis das Grundmotiv eines Tun-Ergehen-Zusammenhangs schließlich gar nicht mehr trägt (vgl. Sprüche Salomons, Prediger/Kohelet, Hiob, Ester, Weisheitspsalmen 112, 127, 128, 133). »Weisheit meint [dabei] zunächst weniger die Fähigkeit, theoretisch-grundsätzliche Fragen zu beantworten, als sich im Lebensalltag zurechtzufinden, mit den Dingen und Menschen zurechtzukommen« (Schmidt 1989, 320). Weisheitslehre ist also eine Alltagsphilosophie oder eine Alltagsethik, und vor diesem Hintergrund sind die Ausführungen zur Bildung zu interpretieren. Bildung (respektive ›Weisheit‹) bezeichnet eine spezifische Erkenntnis im Sinne einer persönlich nachvollzogenen Einsicht: Die Person, die zur wahren Erkenntnis Gottes, der Natur oder des Menschen findet und diese Einsicht in einen umfassenden Zusammenhang stellen kann, ist weise – und ist dies nur und erst von Gott her.

Die alttestamentliche Forschung ist sich über den sogenannten ›Sitz im Leben‹ der weisheitlichen Literatur allerdings nicht ganz einig. Möglicherweise gab es am Königshof eine Schule für Beamte oder sogar eine Schule für Weise. Es ist daher durchaus möglich, dass es im alten Israel zumindest zeitweilig neben den Ständen der Priester und Propheten auch den Berufsstand eines Weisen gegeben hat. Eine andere Theorie sieht den ursprünglichen Sitz im Leben in der Familie, in der der Vater die ihm selbst tradierten Sinnsprüche an die Söhne weitergibt. Weisheitliche Sinnsprüche sind nämlich Erfahrungswissen; sie zielen auf den Sachverstand von Handwerkern und Künstlern, Herrschern, Richtern oder auf eine allgemeine Lebensklugheit (Saur, Spieckermann, Finsterbusch u. a.) ab. Als solche könnten sie natürlich auch ohne institutionelle Anbindung tradiert und durch königliche Schreiber gesammelt und fixiert worden sein.

Auch wenn explizit schriftliche Befunde rar sind, gilt es in der Forschung als wahrscheinlich, dass es in Israel bereits Vorformen institutionalisierten Lernens gab. In sogenannten ›Weisheitsschulen‹ wurden Kindern grundlegende Lebensweisheiten vermittelt. Allerdings war die Funktion des Lehrers weniger in einem eigenen Berufsstand organisiert als vielmehr einem erweiterten Verständnis von Familie vergleichbar. So wurden Schüler als ›Söhne‹ bezeichnet, was auf eine eher private als professionsbezogene Beziehung hindeutet. Dies korrespondiert auch weitgehend dem biblischen Charakter von ›Weisheit‹, die ihrerseits stark an der jeweiligen Persönlichkeit orientiert ist. So ist Weisheit nicht ein Konglomerat spezifischer Wissensbestände oder Fertigkeiten, sondern der Weise selbst *ist* weise und zeichnet sich in seiner gesamten Persönlichkeit dadurch aus. Eine solche Sicht darf jedoch nicht zur Annahme verleiten, dass die weisheitliche Theologie ein positives Menschenbild hätte oder gar dem pädagogischen Grundsatz einer subjektorientierten Bildung verpflichtet wäre. Der ungebildete Zustand einer Person gilt nämlich als defizitäres Stadium des Menschseins – und daraus ergibt sich überhaupt erst eine pädagogische Aufgabe. Infolge ihrer defizitären Veranlagung sind Menschen erst einmal zu erziehen, um Grundvoraussetzungen für jedes bildende Handeln zu schaffen. Daher kommt der Zucht (hebr. »musar«) in weisheitlichen Bildungsvorstellungen auch zentrale Bedeutung zu – man denke hier bspw. an den Weisheitsspruch, der zum Motto der späteren pietistischen Erziehungslehre geworden ist: »Wer die Rute spart, hasst seinen Sohn, wer ihn liebt, züchtigt ihn beizeiten« (Spr 13,24). Das Akzeptieren von Zucht wird selbst zum ersten fundamentalen Ausdruck beginnender Weisheit erklärt, denn »Torheit steckt dem Knaben im Herzen; aber die Rute der Zucht wird sie fern von ihm treiben« (Spr 22,15). In dieses Bild fügt sich schließlich auch die

Zielvorstellung weisheitlicher Erziehung: Der Weise ist im Grunde der perfekt sublimierte Mensch – »züchtig« und kontrolliert, mit »gelassenem Herzen« und einem »kühlen Geist«.

Deshalb bedeutet Bildung in der Weisheitsliteratur auch keine Entfaltung und Förderung der individuellen Anlagen und Möglichkeiten des Menschen oder gar ästhetische Bildung. Vom Subjekt kann überhaupt nicht ausgegangen werden, denn der Mensch ist von Natur aus voller Begierde und Sinnlichkeit, während Erziehung auf die Eingliederung des Individuums in vorgegebene objektive Strukturen und vor allen Dingen in vorgegebene Sinnzusammenhänge zielt.

Das grundlegend negative Bild vom Menschen und seinen Möglichkeiten hat schließlich eine generell negative Sicht auf Bildung zur Folge, denn sie ist im Grunde ein Blendwerk, das die wahre Natur des Menschen verkennt, so das Fazit weisheitlicher Anthropologie. Nachfolgend (Kapitel 1.1.2) wird deutlich, dass das Alte Testament diametral entgegengesetzte Bildungsvorstellungen kennt, die später in ein produktives dynamisches Gleichgewicht kommen (Kapitel 2.3): einerseits die christliche Anthropologie mit ihrer Orientierung am Potenzial des Individuums (Kapitel 1.1.2), andererseits weisheitlich geprägte Defizitbilder vom Menschen und Bildung. Rund um das dritte Jahrhundert vor Christus finden wir bei Kohelet das Urteil: »Alles ist eitel« und doch nur das (ewig) Gleiche (Koh 1,2f). Folglich ist alles Bemühen im Grunde sinnlos, denn »nichts Neues geschieht unter der Sonne« (Koh 1,9). Entsprechend lautet sein Urteil über Bildung, sie sei nur ein »Haschen nach dem Wind«. Mit Hiob gerät die weisheitliche Theologie und in deren Zentrum ein stringenter Tun-Ergehens-Zusammenhang in eine grundsätzliche Krise, von der auch das Vertrauen in die Bildbarkeit des Menschen betroffen ist: »Die Weisheit aber, wo kommt sie her und wo ist der Ort der Einsicht? Verhüllt ist sie vor allen lebenden Augen, verborgen vor den Vögeln des Himmels« (Hiob 28,20). Kohelet wie Hiob fordern, Weisheit durch Gottesfurcht zu substituieren. Die Forderung jedenfalls nach Selbstbildung des Menschen lässt sich auf dieser Traditionslinie nicht begründen. Einschränkend ist anzumerken, dass mit dem Gottesbezug – mithin der Gottesfurcht – die (wenn auch für das Individuum unverfügbare) Hoffnung auf Leben in Fülle verbunden ist (vgl. Weisheitspsalmen 112, 128 oder 133). Dem skizzierten Bildungspessimismus zum Trotz treffen wir später auf eine für sich stehende Form jüdisch geprägter Gelehrsamkeit und eines von Juden getragenen Geistes, der die europäische Kultur maßgeblich beeinflusst hat; exemplarisch sei an M. Mendelsohn, A. Einstein, H. Arendt, M. Buber, K. Tucholsky, F. Kafka, S. Freud u. v. m gedacht.

1.1.2 Bildung als Potenzialentfaltung in den Schöpfungserzählungen

Bereits im Binnenfeld alttestamentlicher Schriften findet sich die Polarität einer sich ausbildenden christlichen Anthropologie, vor deren Hintergrund sich später das pädagogische Spannungsfeld ergibt, das spezifisch christliche Vorstellungen von Bildung ausmacht. So beantworten die Schöpfungserzählungen und die ihnen eigene Anthropologie die Frage nach dem Menschen als zu bildendem Subjekt ganz anders als die weisheitliche Literatur. Die Vorstellung, dass die Bildungsfähigkeit eines jeden Menschen mit seiner Gottebenbildlichkeit (Gen 1,27) zu begründen sei, wird in späteren Bildungstheologien in unterschiedlicher Art und Weise aufgegriffen. Neben einer grundsätzlich optimistischen Einschätzung der Bildungsmöglichkeit des Individuums sind mit der Gottebenbildlichkeit vier weitere kategoriale Grundbestimmungen von Bildung verbunden.

Erstens: Bildung muss gleichheitlich sein. Die priesterschriftliche Aussage, dass der Mensch Ebenbild Gottes sei, hat traditionsgeschichtliche Parallelen. So wird in der zeitgenössischen ägyptischen wie mesopotamischen Königsideologie der jeweilige König als Gottes Ebenbild verehrt, und es ist anzunehmen, dass dies im Hintergrund der alttestamentlichen Erzählung steht. Gerade in einem solchen Kontext erhält die Gottebenbildlichkeit auch ihre spezifische Zuspitzung, indem sie die altorientalischen Königsideologien demokratisiert. Denn ihr zufolge ist nicht ein einzelner Mensch, sondern sind *alle* Menschen Gottes Ebenbild; allen gleichermaßen fällt ein unverbrüchliches Recht und eine besondere Würde von Gott zu. Damit ist auch ein biblisch-theologisches Kriterium für Bildung formuliert: Bildung beruht auf der prinzipiellen Gleichheit aller Menschen, unabhängig von Geschlecht, Intelligenz, sozialer, ethnischer oder geografischer Herkunft. Das wäre die Voraussetzung für ein theologisch bestimmtes Bildungsverständnis; Ziel wäre dann die Erhaltung bzw. Ermöglichung von Teilhabegerechtigkeit durch Bildung.

Zweitens: Bildung ist emanzipatorisch und zielt auf eine aktive und eigenverantwortliche Lebensgestaltung ab. Das lässt sich etwa aus Gen 1,28 ablesen: »Und Gott segnete sie und sprach zu ihnen, seid fruchtbar und mehret euch und füllet die Erde und macht sie euch untertan und herrscht über die Fische im Meer und über die Vögel unter dem Himmel und über das Vieh und über alles Getier.« Die lange vorherrschende Interpretation, der Mensch werde hier zum Herrscher über die ganze Natur eingesetzt, ist nicht erst im Angesicht gegenwärtiger ökologischer Krisen zweifelhaft geworden. Sie ist zudem falsch, denn der Mensch wird in der Priesterschrift als Mitschöpfer Gottes verstanden: So wie der Schöpfer Verantwortung für seine Schöpfung trägt und sie erhält, so hat auch der Mensch als Mitschöpfer diese zu tragen und zu erhalten. Damit ist ein weiterer Impuls verbunden: Recht verstandene Bildung zielt auf Bewahrung und nicht Vernichtung der Schöpfung; sie dient dazu, Zusammenhänge zu erkennen, Folgen abzuschätzen und verantwortlich zu planen. Ebenso wichtig wie dieser Gedanke ist ein weiterer: Der der Mensch ist zur aktiv wahrgenommenen Verantwortung berufen, nicht zum passiven Verharren und Gehorsam. Damit ist der Mensch konstitutiv zur Freiheit und zur Subjekthaftigkeit berufen, welche ihn befähigt, seine eigene Existenz sowie seine Lebenswirklichkeit reflektiert im Modus der ihm verliehenen Würde wahrzunehmen und entsprechend zu gestalten. Die Gottebenbildlichkeit des Menschen ist dann verwirklicht, wenn der gebildete Mensch in der Lage ist, gegebene Bedingungen nach seinen Bedürfnissen und nach den Prinzipien einer humanen Weltgestaltung zu strukturieren. Dieser Gedanke wird im Übrigen später im Neuen Testament aufgegriffen und radikalisiert, nämlich im Zusammenhang der sog. Rechtfertigungslehre (s. u.).

Drittens: Bildung ist sozial. In den Schöpfungserzählungen ist von der Zweigeschlechtlichkeit des Menschen zu lesen. Programmatisch verwendet die Priesterschrift dabei nicht den Singular, sondern den Dual: »Und er erschuf sie als Mann und Frau« (Gen. 1,27). Dies verweist darauf, dass der Mensch nicht als ein vereinzeltes Wesen leben kann, sondern auf Sozialität angewiesen ist. Der Mensch ist – schöpfungstheologisch gesehen – ein soziales Wesen; er braucht Kommunikation, Interaktion, Geselligkeit und Zuwendung und lebt in Beziehungen. Er muss über die eigene Grenze – qua Bildung – dazu qualifiziert werden, über sich hinauszureichen.

Eine solche Grenzüberschreitung findet sich auch in anderer Hinsicht. So lesen wir im Buch Genesis von der grundsätzlichen Bezogenheit des Individuums auf seine Mitmenschen. Dies zeigt sich unter anderem in der Zweigeschlechtlichkeit des Menschen und weiter in seiner Beziehung zu Gott. Gott tritt mit dem Menschen in Kontakt, indem er ihn überhaupt erst durch sein Wort erschafft. In der Folge ist der Mensch als Geschöpf von seinem Schöpfer abhängig; und weiterhin ist auch der einzelne Mensch als soziales Wesen auf seine Mitmenschen und ihren Zuspruch angewiesen. Folgerichtig ist Beziehungsfähigkeit daher auch als theologische Begründung und Zielbestimmung von Bildung zu sehen. Nicht zuletzt sind damit auch didaktische Prinzipien implementiert, wie dialogisch strukturierter Unterricht und weiter das Lernen in Beziehungen.

Viertens: Bildung ist subjektiv und offen. Die Schöpfungserzählung ist ohne den Sündenfall nicht vollständig. Es handelt sich bei der Erzählung vom Sündenfall um eine Ätiologie des bäuerlichen Lebens und der damit verbundenen Mühsal. In theologischer Perspektive ist Sünde der Abfall des Menschen von seiner schöpfungsgemäßen Bestimmung als Gottes Ebenbild. Sünde ist damit zum einen der Verlust der Beziehung zu Gott als dem Schöpfer, zum anderen der selbst verschuldete Verlust der Gottebenbildlichkeit. Insofern können Bildungsprozesse nicht von einem zu erwartenden Produkt her gedacht und strukturiert werden, sondern sind stets (ergebnis-)offen zu denken, wie dies symbolisch im Wesen des Menschen als Ebenbild Gottes aber eben auch als Sünder angelegt ist.

In religionspädagogischer Perspektive ist Sünde jener Zustand, in dem der Mensch nicht das geworden ist, was er eigentlich werden sollte. Oder bildungstheoretisch gesprochen: die konkrete, situative Konstellation, der Status quo des Menschen entspricht nicht dem, wozu Gott ihn bestimmt hat. Er ist nicht, was er (oder sie) sein könnte und sollte. Für die Aufhebung dieser in der Sünde angelegten Selbstverlorenheit sieht das Alte Testament die Möglichkeit der Umkehr durch Selbstbesinnung vor. Der sich und seiner Bestimmung fremd gewordene Mensch soll qua Bildung zu dem zurückfinden, was Gott in ihm (und ihr) angelegt hat. So gesehen stehen (Religions-)Pädagoginnen und Pädagogen vor der Herausforderung, Individuen qua Bildung dazu zu befähigen, sich im Angesicht diverser und vielfältiger Eindrücke und Verführungen selbst zu finden. In theologischer Perspektive ist Bildung daher im Kern die Ermöglichung von Subjektivität und immer auch Selbstbildung. Ferner markiert der Sündenfall die für den Menschen konstitutive Option des Scheiterns sowie einen permanenten Auftrag zur kontinuierlichen Bildung im Sinne eines lebenslangen Lernens, das den Bildungsprozess in Abgrenzung von reiner Produktorientierung wertschätzt.

1.2 Neues Testament

Obwohl im Neuen Testament ebenfalls wenig explizite Aussagen zu Bildung und Erziehung zu finden sind, ist der zeithistorische Kontext ein völlig anderer als im Alten Testament. Nach dem Tod Christi ist den Jüngern die Aufgabe gestellt, sein geistiges und tätiges Erbe zu erhalten, zu systematisieren, zu verbreiten und nachhaltig seine Wirksamkeit zu garantieren. Dies ist eine genuin (religions-)pädagogische Aufgabe, die von entsprechenden Grundsatzfragen zu Erziehung und Bildung flankiert war. Daher ist für das Neue Testament anzunehmen, dass hier pädagogische Fragen zweckorientiert gestellt und systematisch beantwortet werden. In diesem Sinne sind wohl auch Hinweise auf eine explizite und zielorientierte Wahrnehmung von Bildungsfragen in Lk 2,41ff (der zwölfjährige Jesus im Tempel), Apg 22,3 (»Ich bin ein jüdischer Mann, geboren zu Tarsus in Zilizien und erzogen in dieser Stadt zu den Füßen Gamaliels, gelehrt mit allem Fleiß im väterlichen Gesetz, und war ein Eiferer um Gott, gleichwie ihr heute alle seid.«) sowie Eph. 6,4 (»Und ihr Väter, reizet eure Kinder nicht zum Zorn, sondern zieht sie auf in der Vermahnung zum Herrn.«) zu lesen. Eine besondere Zuspitzung erfahren sie schließlich im Missionsbefehl in Mt 28,20 (»Und lehret sie halten alles, was ich euch befohlen habe. Und siehe, ich bin bei euch alle Tage bis an der Welt Ende.«).

Das skizzierte Bildungsinteresse einer sich im Kontext neutestamentlicher Schriften allmählich formierenden Alten Kirche führt schließlich zur Genese eines ersten »(Bildungs-)Kanons« mit ausgewählten zu memorierenden und im Glauben wie Leben zu antizipierenden Traditionsgütern. Hierunter fallen etwa die Kenntnis der Generationenfolge (Toledot-Erzählungen und Familiengeschichten, Haustafeln bzw. Oikos-Formeln). Allerdings wollen die zitierten Kenntnisse nicht als selbstreferentieller Wissensbestand rezipiert sein, sondern als für die Lebenspraxis konstitutives Moment. Es soll damit ein identitäts- und glaubensstiftendes Zugehörigkeitsgefühl einhergehen sowie eine den inhaltlichen Maßgaben entsprechende Lebensführung. Auch allgemeine ethische Implikation finden sich, nicht zuletzt solche, die das Verhältnis der Anhängerinnen und Anhänger der Glaubensgemeinschaft untereinander betreffen. So ist Bildung nach neutestamentlichem Verständnis egalitär, Bildung steht unabhängig von Alter, Geschlecht und materiellem Status jedem und jeder zu und ist dabei konstitutiv an Kontexte und Erfahrungen gebunden, etwa an »Wunder, Tischgemeinschaft mit Zöllnern, Zeichenhandlungen und rituelle Vollzüge (Taufe, Herrenmahl)« (Schröder 2012, 33).

1.2.1 Jesu Leben, Lehre und Ethik

Das Verb »didaskein« findet sich in den Evangelien und der Apostelgeschichte insgesamt fünfundneunzig Mal. Formal ist die Inhaltszuschreibung von »didaskein« eindeutig und bezeichnet Lehren bzw. Belehren. In dieser Bedeutung finden wir es im oben zitierten Missionsbefehl, vor allen Dingen aber im Handeln und Reden Jesu.

Viele seiner Reden werden bei den Synoptikern eingeleitet mit »er lehrte sie und sprach«, wiederholt ist Ort dieser Lehre die Synagoge, durchaus in Analogie zu den damaligen jüdischen Lehrern und Schriftauslegern. Dementsprechend wird auch Jesus im Neuen Testament häufig als didaskalos (διδασκαλος), Lehrer angesprochen. Auch wenn »Lehre« nicht zwingend mit Erziehungsabsichten einhergehen muss, sind diese für Jesu Lehrverständnis konstitutiv. Kennzeichnend für die »Lehre Jesu« ist der Ruf zur praktischen Entscheidung für oder gegen Gottes Willen – oder anders: Jesu Lehre zielt auf eine Veränderung des Menschen ab; er fordert Umkehr und Buße.

Vor diesem Hintergrund ist neben der reinen Lehre auch Jesu Leben auf mögliche bildungstheoretische Impulse hin zu befragen (Kapitel 3.1.1). Unabhängig vom formalen Befund kann die gesamte Botschaft Jesu, wie auch seine eigene Praxis, bildungstheologisch interpretiert werden. So wendet sich Jesus diskriminierten Menschen zu und spricht ihnen dadurch den Status vollwertiger, nicht randständiger Menschen zu. Wenn Jesus betont, dass Gesetze keinen Eigenwert haben, sondern um der Menschen willen da seien, dann formuliert er in einfacher Weise das, was man in der Pädagogik das Primat des Subjekts vor dem Objekt nennt. Auch seine Botschaft vom Reich Gottes verheißt den Menschen, dass sie ›heil‹ werden, d. h. authentische Subjekte werden sollen und können – ein Gedanke, der in der bildungstheologischen Tradition vielfach wieder aufgegriffen wurde. Nicht zuletzt finden sich Belege für seine vorbehaltlose Zuwendung zum Kinde (Mt 19,14; Lk 18,16), so dass man ihn sogar als den eigentlichen Entdecker des Kindes und darin als Urbild des Pädagogen schlechthin gefeiert hat (etwa Maria Montessori).

1.2.2 Eschatologie als Deutungshorizont und Dimension von Bildung

Inhaltlich ist die Lehre Jesu durch die eschatologische Perspektive seiner Reich-Gottes-Botschaft bestimmt. Die Unterscheidung präsentischer bzw. futurischer Eschatologie ist dabei für Bildungsansprüche konstitutiv. Während eine präsentische Wahrnehmung die Gegenwart Christi und das Reich Gottes bereits angebrochen sieht, stellt die futurische die Verwirklichung des Gottesreiches erst am Ende von Zeit und Geschichte in Aussicht: Entweder ganz als eine jenseitige Welt oder aber als Zielvorgabe der Geschichte, die auf eine innerweltliche Realisierung abzielt. Letzteres kann wiederum individuell wie universalgeschichtlich interpretiert werden. Universalgeschichtlich gilt die Geschichte der Welt als beständig aufsteigender Fortschritt auf das Reich Gottes. Hegel etwa interpretierte in diesem Sinne die Geschichte als Fortschreiten der Freiheit (Hegel 1986, 157f).

In individualgeschichtlicher Perspektive ist es die Aufgabe des Individuums, in einem beständigen Prozess die Zielvorgaben des Reiches Gottes zu realisieren. In diesem Sinne ist jede einzelne Biographie eine kontinuierliche Entwicklungs- und Bildungsgeschichte. Das Ideal des Reiches Gottes ist in dieser Sicht einerseits gegebenes Potenzial, andererseits bleibendes Ziel von Bildungsprozessen. Damit sind theologisch pädagogische wie didaktische Prinzipien implementiert, nämlich zu bildende Subjekte gleichzeitig von ihrem Potenzial wie von einer einzulösenden Aufgabe her wahrzunehmen. Weiter stehen Bildungsprozesse stets in der Spannung von Prozess- *und* Produktorientierung; sie sind offen zu halten und nie abschließbar.

Man kann die Reich-Gottes-Vorstellung bildungstheologisch mit der Lehre von der Gottebenbildlichkeit des Menschen verbinden, indem man als ein Ziel des Reiches Gottes die Wiederherstellung der verlorenen Gottebenbildlichkeit definiert.

Individualgeschichtlich stellt sich dem einzelnen Menschen dann die Aufgabe, seine Bestimmung zunehmend zu realisieren. Da es sich dabei jedoch um eine eschatologische Vorstellung handelt, kann sie vom einzelnen Individuum niemals erreicht werden, sondern bleibt ein beständiger und nicht abschließbarer Prozess.

Theologisch findet dieser religionspädagogische Einwand im »eschatologischen Vorbehalt« sein Pendant, der besagt, dass alles Irdische stets nur vorläufig und eben nicht endgültig sein kann. Vor-läufig bezeichnet zudem einen weiteren Sachverhalt, nämlich dass etwas – hier Bildung – auf etwas Anderes zuläuft, das diesem voraus geht. Wendet man diese theologische Sicht in pädagogische Kategorien, so wäre hier wohl von der ›pädagogischen Differenz‹ zu sprechen. Die lebensgeschichtliche und situative Bestimmtheit des Menschen entspricht nicht seiner Bestimmung, dem Sein-Sollen bzw. Können. Daher hat er diesen Zustand aufzugeben, um sich seiner eigentlichen Bestimmung wieder zuzuwenden, um so die Differenz (zumindest hypothetisch) aufzuheben. Die bildungstheologische Deutung der eschatologischen Lehre begründet also die Notwendigkeit von Bildung in der Diskrepanz von nicht verwirklichter Berufung und faktischer Realität, wobei das Potenzial, die positive Bestimmung zum Ausgangspunkt pädagogischer Überlegungen wird und nicht etwa als eine defizitäre Wertung des Status quo zu verstehen ist. Die komplementäre Bezogenheit eschatologischer Vorstellungen auf durchaus konkrete innerweltliche Fragen (wie etwa Gerechtigkeit) ist dabei pädagogisch und theologisch bedeutsam, weil Bildung so kein rein innerpsychisches

Geschehen bleibt, sondern für Individuum wie Gesellschaft Implikationen aufweist und ein permanenter Auftrag bei gleichzeitigem Zuspruch bleibt.

Das hier zugrunde gelegte Verhältnis von präsentischer und futurischer Eschatologie unter konstitutiver Einbindung schöpfungstheologisch begründeter Gottebenbildlichkeit des Menschen findet sich in der neutestamentlichen Briefliteratur v. a. bei Paulus (2 Kor 4,4; Kol 1,15; Hebr 1,3). In der neutestamentlichen Theologie und ihrer religionspädagogischen Deutung ist die ursprüngliche Bestimmung der Gottebenbildlichkeit nun im Sinne einer positiven Vision vom spezifisch geprägten Bildungspotenzial des Menschen aufgegriffen. Dabei ist die Selbstverfehlung des Menschen, wie sie im Sündenfall symbolisch dargestellt ist, konstitutiv mitgedacht. Durch den Sündenfall ist das dem Individuum innewohnende Potenzial nämlich dauerhaft reduziert und gefährdet. Es stellt bestenfalls eine abstrakte Chance dar, die sich jedoch nie zur Gänze einlösen lässt. Da jedoch Christus »wahrer Mensch« geworden ist und so innerweltlich die dem Individuum zugesprochene Gottebenbildlichkeit exemplarisch verwirklicht hat, wurde aus der hypothetischen Option wieder eine reale. Insofern weist Bildung nicht nur eine schöpfungstheologische und eschatologische, sondern auch christologische Perspektive auf. Dieser Gedanke findet sich u. a. in der deutschen Mystik auf ganz eigentümliche Weise wieder (Kapitel 1.5).

1.3 Antike Bildungsvorstellungen

In den ersten Generationen der Jesusbewegung sah man zunächst keine Notwendigkeit, Bildung in irgendeiner Form zu systematisieren oder zu organisieren, weil man ja unmittelbar mit der Wiederkehr des Messias und dem Anbruch des Reiches Gottes rechnete. Erst mit dessen anhaltendem Ausbleiben wurde es notwendig festzulegen, was an kommende Generationen begründet weiterzugeben sei. Ohne eigenen institutionellen Rahmen und auf Basis nur rudimentärer Aussagen in den biblischen Schriften war es naheliegend, dazu Anleihen aus der Umwelt vorzunehmen.

1.3.1 Bildung als Ausbildung in Mesopotamien und Ägypten

Ein wesentlicher Anstoß für organisierten Unterricht ist das Aufkommen einer Schriftsprache, denn Lesen und Schreiben sind Qualifikationen, die sich nicht durch interne Reifungsprozesse ergeben. Kinder lernen quasi automatisch Sprechen und Laufen, nicht hingegen Lesen und Schreiben. Überall dort, wo Menschen über diese Fähigkeiten verfügen mussten (etwa berufsbedingt als Händler, Beamte am Hof etc.), entstanden in der Folge Bildungsinstitutionen, deren primäres Ziel allerdings nicht Bildung, sondern (Berufs-)Ausbildung war. Nur wenigen, aus den Führungsschichten Stammenden wurde solch spezifische Qualifikation zuteil – von Anfang an hat Elitebildung immer etwas mit Macht und Herrschen zu tun; egalitäre Ideale hingegen entwickeln sich in der Geschichte erst relativ spät (Kapitel 1.6).

Es erstaunt nicht, dass am Anfang der Geschichte institutionalisierten Lehrens und Lernens politische und wirtschaftliche Interessen standen. So kamen bereits im 3. Jahrtausend v. Chr. in Mesopotamien, dem politischen und wirtschaftlichen Zentrum der damals bekannten Welt, schulähnliche Institutionen auf. Ihre Bezeichnung als »Haus der Täfelchen« zeigt, welche Aufgabe sie hatten: Hier wurden Schreiber ausgebildet, die die Keilschrift beherrschten und in der Lage waren, auf Tontäfelchen Registraturen vorzunehmen, Gesetzestexte abzuschreiben und einfache Verwaltungsaufgaben wahrzunehmen. Der Bedarf an solchen Schreibern wuchs offensichtlich beständig, funktionsorientiert befanden sich die Schulen meist in der Nähe von Königshäusern und Höfen.

Vergleichbares ist aus Ägypten bekannt: Nur wenige beherrschten die Kunst der Hieroglyphen, und so konnten Schreiber gelegentlich in der Hierarchie des ägyptischen Hofes relativ weit aufsteigen. Relevant war ihr Können insbesondere für zwei Gebiete – Verwaltung (u. a. die Erfassung von Ernten, Kriegern und Ländereien) und Religion. Daraus ergaben sich zwei sehr unterschiedliche Formen der ägyptischen Schriftsprache und zwei unterschiedliche Ausbildungsstätten, die man ansatzweise als Schreiberschulen bezeichnen kann. Diese Zweigleisigkeit der Institutionalisierung von Bildung hält sich übrigens über die gesamte Schulgeschichte und wird auch die frühe Entwicklung des Schulwesens in Europa bestimmen.

1.3.2 Bildung als ambivalente Selbstbildung im Hellenismus

In den »Bildungsinstitutionen« des antiken Griechenlands sehen nicht wenige die eigentliche Wiege des abendländischen Schulwesens. Im hellenistischen Kontext war Unterricht erstmalig dem Zweck von Bildung bzw. Erziehung gewidmet. Begrifflich sind Bildungsprozesse hier mit paideia (bzw.

lat. humanitas) bezeichnet, gemeint ist damit die Vermittlung von Wissen, Tugenden, Fähigkeiten und Künsten, durchaus im Sinne einer ganzheitlichen Bildung von Geist *und* Körper. Gegenstand von Bildung sind dementsprechend Kulturgüter (Musik, Grammatik, Rhetorik, Dialektik), Fachwissen (Geometrie, Astronomie u. a.), Reflexion von Politik und Ethik, aber eben auch die Bildung des Körpers (Gymnastik) und enkulturierende Elemente (Diskussionskultur, ›Etikette‹, Tugendlehre). Didaktisch korrespondiert der Vorstellung einer ganzheitlichen Bildung die erste bekannte Methode für Unterricht, die sogenannte sokratische Methode (Sokrates 470-399) bzw. Mäeutik (gr. »Hebammenkunst«). Ihr liegt die pädagogische Vorstellung zugrunde, dass Erziehung in Analogie zur Tätigkeit einer Hebamme zu sehen ist. Diese hilft dem Kind – im übertragenen Sinne Ideen – nur begleitend auf die Welt bzw. ins Bewusstsein; in diesem Sinne bieten Philosophen nur Hilfe zur selbstständigen Bildung von Begriffen. Dazu dient bei Sokrates das Wechselspiel von Frage und Antwort in der Überzeugung, dass jeder Mensch selbst die Wahrheit finden müsse.

Mit Platon (427-347) beginnt die Tradition, Bildung ganz als geistig-seelischen Prozess zu verstehen, der über Dialoge (und nicht länger über rein entwickelndes Fragen) gestaltet ist. Im Wechselspiel von Rede und Gegenrede befreit sich das Individuum von seinen falschen Verständnissen und kommt so zu Wissen und Erkenntnis. Dabei ist implizit vorausgesetzt, dass der Mensch bild- und formbar ist. Der Lehrer wird dann zum Künstler, der die Seele in Entsprechung zur Idee formt.

Aristoteles (384-322) folgt in seiner Erziehungstheorie weitgehend seinem Lehrer Platon, denn auch er ist der Auffassung, dass der Mensch und seine Seele im Grunde eine tabula rasa seien. Aber im Unterschied zur sokratisch-platonischen Tradition schätzt Aristoteles die Möglichkeiten, sich über denkende Einsicht zu Tugendhaftigkeit und Sittlichkeit zu entwickeln, gering ein. Erziehung bedeutet bei Aristoteles das Einprägen und Einbilden eines Vorbildes. An die Stelle von Denken und Einsicht tritt deshalb bei ihm die Gewöhnung als angemessene Methode. Damit sind bereits in der frühen antiken Tradition zwei grundlegende Paradigmen, auf denen auch heutige Differenzen in den Erziehungstheorien bestehen, etabliert, nämlich – wie bei Sokrates und Platon – ›Erziehung durch Einsicht‹ oder – wie bei Aristoteles – ›Erziehung durch Gewöhnung‹.

Für die Genese institutionellen Lernens sind die Sophisten bedeutsam. Im 5./4. Jahrhundert v. Chr. nimmt die Erziehungswissenschaft im engeren Sinne ihren Anfang. Auf die von den Sophisten realisierte Spezialisierung von Bildung folgen eine erste Professionalisierung des Lehrberufs sowie einsetzende Institutionalisierung von Bildung. Hier tritt also zum ersten Mal eine Personengruppe auf den Plan, die systematische Bildung über eine definierte Funktion – die Rolle der Lehrkraft – betreibt. Im Hintergrund steht eine ideengeschichtliche Revolution, nämlich die bewusste Gegenüberstellung von Natur und Kultur, wobei die Natur als Ausgangspunkt von Bildung gesehen wurde, die Kultur als ihr Ziel. Allerdings ist zu dieser Zeit noch nicht von einem systematisch organisierten Unterricht an eigens dafür eingerichteten Orten auszugehen. Auch hier standen Lehrer und Schüler noch primär in einem persönlichen Verhältnis, und eben dies ist in Form und Funktion ein fundamentaler Unterschied zum heutigen Verständnis von »Schule« (vgl. Lämmermann 1985).

Soziologisch betrachtet sind Schulen nach heutigem Verständnis Institutionen und somit überindividuell verfasste gesellschaftliche Ordnungen mit relativ stabilen, allgemein anerkannten Prinzipien und Organisationsformen. Eine Institution hat einen von dem jeweiligen Menschen unabhängigen Eigenwert; insofern kann man sagen, dass die Menschen den Institutionen unterworfen sind und nicht umgekehrt, mit durchaus weitreichenden Implikationen auch auf pädagogische Leitideen. So ist eine schulische Bildung, die die Zweckfreiheit aller Bildung als konstitutiv erachtet nur bedingt mit dem Institutionencharakter, wie er heute vorfindlich ist, vereinbar. Gleichwohl spiegelt sich die vermeintliche Zweckfreiheit von Schule in der neueren pädagogischen Tradition durchaus auch heute wider. Hier ist etwa an reformpädagogisch orientierte Alternativen zur sogenannten Regelschule zu denken, bspw. Montessori- oder Waldorfschulen u. a. Diese sind in vielerlei Hinsicht anschlussfähig an die antike Uridee einer zweckfreien Bildung. Die Zweckfreiheit der griechischen Schulen liegt zudem noch etymologisch der Bezeichnung Schule selbst zugrunde. Über das lateinische »schola« geht das Wort auf das griechische »scholé« zurück und meint das Freisein von Geschäften, denn Schule war im antiken Griechenland ein Schonraum und eine Zeit, in der die Knaben sich noch nicht am sozialen Leben beteiligen mussten oder sollten. Im institutionellen Verständnis von Lernen und Unterricht heute spielt die Zweckgebundenheit des Lernens aber eine wesentliche Rolle, etwa in der Form von Schulabschlüssen und Qualifikationen.

1.4 Alte Kirche

Im Urchristentum ist zunächst im Grunde keine Vorstellung von Erziehung und Bildung anzutreffen, schlichtweg weil Anlass und Motivation dafür fehlten. Erst mit dem anhaltenden Ausbleiben des Reichs Gottes (Parusieverzögerung) kam die Notwendigkeit auf, sich überhaupt mit irdischen Dingen, nicht zuletzt mit Erziehung und Bildung, zu beschäftigen. Obwohl man zu Beginn im Sinne einer eigenständigen Identität und Abgrenzung die Erziehungsphilosophie und die Bildungsinstitutionen der antiken Umwelt (paideia) ablehnte, war man auf diese angewiesen, denn es mangelte an eigenständigen Konzepten. Die Heilige Schrift lieferte in dieser Frage keine expliziten Hinweise. Dies wog umso schwerer, als es galt, den Fortbestand zu sichern und die eigene Lehre weiter zu profilieren. Bildung und Erziehung kommt in einer solchen Situation naheliegenderweise eine Schlüsselfunktion zu.

Das pädagogische Setting war dabei äußerst komplex: Eine ethnisch, geografisch, kulturell und sozial äußerst heterogene Gemeinschaft hatte sich unter dem gemeinsamen Nenner eines geteilten Glaubens zusammengefunden. Nun galt es, eine eigene, durch Religion konstituierte Identität zu profilieren und zu sichern, Neues mit dem Alten zu verbinden und dabei ein gemeinsames Bewusstsein – unter enormer Bedrängnis – zu etablieren. Die geteilte »corporate identity« zeichnet sich schließlich durch gemeinsames Traditionsgut, identifikatorische Narrationen und veranschaulichende Symbole, Ritualhandlungen sowie spezifische ethische Grundüberzeugungen aus. Die noch fragile und massiv bedrohte Identität musste zugleich durch kontextabhängige Profilbildung, Sichtbarmachung, Rückversicherung und Tradierung gesichert werden. Vor diesem Hintergrund formiert sich schließlich ein erstes systematisches pädagogisches Programm in Form von christlichem Taufunterricht.

Der auf die Erwachsenentaufe vorbereitende Taufunterricht der Alten Kirche dauerte in der Regel drei Jahre und schloss mit einer Prüfung ab. Wie der »Traditio Apostolica« des Presbyters Hippolyt (etwa 170-235 n. Chr.) zu entnehmen ist, diente der Unterricht vor allem dazu, in einen vorbildlichen Lebensstil einzuführen, denn als vollwertiges Mitglied in die Gemeinde konnte nur aufgenommen werden, wer besagte Prüfung abgelegt hatte, wohingegen die Aspirant(inn)en als eine eigene Klasse von Christen galten. Der eindrückliche Vorbildcharakter standfester Christen und Christinnen, die sich nicht durch enthobene Bildung, sondern durch das Befolgen einer geradlinigen Ethik und Grundkenntnisse auszeichneten, diente zudem als überzeugendes Alleinstellungsmerkmal, das auch weitere Konvertiten überzeugen sollte. Die Tauf-Aspirant(inn)en sollten dementsprechend gemäß Christi Vorbild verwandelt werden und zudem über substanzielles Grundwissen in der christlichen Lehre verfügen. Darunter fielen etwa das Memorieren von Psalmen, die Glaubensregel (regula fidei), Gebete, sittliche Unterweisung sowie Exorzismen.

Der Taufunterricht war allerdings nur solange notwendig, wie das Christentum eine primär missionierende Religion mit raschem Wachstum war, der vorrangig Erwachsene beitraten. Mit der Etablierung als generationenumgreifende Religion wurde der an Erwachsene adressierte Taufunterricht obsolet, da die christliche Erziehung der Kinder nun in die Zuständigkeit der Familie fiel. Damit endete die Tradition des urchristlichen Taufunterrichtes im 4.–5. Jahrhundert, der im weitesten Sinne Erwachsenenbildung war; und es trat erstmals die Frage nach religiöser Bildung für Kinder auf den Plan. Zunächst wurden sie als defizitäre Erwachsene angesehen, die durch geeignete Erziehungsmaßnahmen geführt werden sollten. Dabei wurde Erziehung als ein geistlich-seelisches Geschehen betrachtet; Erziehung des Körpers war kein Thema der christlichen Erziehungstheologie. Dies dürfte unter anderem mit dem Streben nach einem eigenen Profil begründet sein.

In der nun konsolidierten Kirche begannen Auseinandersetzungen um die rechte Lehre und um die Relevanz der klassischen antiken Philosophie für die Theologie. Damit ist zugleich das Zeitalter angebrochen, in dem die griechische Philosophie und ihre Vorstellung von Bildung in Bedrängnis geraten und nur dort weiter rezipiert und aufgenommen werden, wo sie für die christliche Theologie bedeutsam scheinen.

Auf eine erste systematische Erziehungstheologie trifft man bei Augustinus (354-430). Der Bischof von Hippo Regius, Sohn eines heidnischen Vaters und einer christlichen Mutter, ist zunächst Rhetoriklehrer, ganz in der Tradition der antiken Philosophenschulen. Seine Bekehrung zum Christentum datiert Augustinus selbst in seiner Schrift »Confessiones« auf den 1. August 386. Innerkirchlich ist diese Phase von Lehrstreitigkeiten gekennzeichnet, in deren Mittelpunkt zunächst Fragen der Christologie und später der Trinitätslehre, aber auch der Soteriologie standen. Eines ihrer Nebenprodukte sind erste theologische Aussagen zu Erziehung und Bildung, wobei die Erziehungsvorstellung dominant wird. Teilte Augustinus in seiner vorchristlichen Zeit noch die relativ optimistische Sicht der platonischen Lehre, revidierte er diese in seiner christlichen Zeit vollständig; Grund dafür ist seine Gnadenlehre.

Augustinus sieht im Kind vorrangig eine von der Erbsünde korrumpierte Existenz. Im dogmatischen Streit mit Pelagius argumentierte er gegen dessen positive Sicht und Option des Individuums, dass dieses stets im Denken und Handeln von der ererbten Verdorbenheit bestimmt sei. Allerdings hält

Augustinus gleichwohl an der unwiderruflichen Bestimmung des Menschen zur Gottebenbildlichkeit fest. Dies hat auch pädagogische Konsequenzen, die im pelegianischen Streit um das christliche Menschenbild profiliert werden. Während Pelagius nämlich die Bildungsfähigkeit in den Vordergrund stellte, hielt Augustinus am Einwand fest, dass es in einem solchen Falle der göttlichen Gnade nicht mehr bedürfe. Demgegenüber unterstrich er die prinzipielle Verworfenheit des sündigen Menschen und seine Angewiesenheit auf Gottes Gnade.

Sein anthropologischer Pessimismus ist aber insofern zu relativieren, als er in der Gottebenbildlichkeit eine durch Bildung einzulösende Hoffnung sieht, mit deren Hilfe sich die Macht der Sünde eindämmen lässt. Dementsprechend stellt sich den Eltern und Erziehern die Aufgabe der Triebkontrolle, denn insbesondere in den Trieben sieht Augustinus die ›niedere Vernunft‹ (ratio inferior) am Werk, die nach Herrschaft trachtet und habsüchtig ist. Ihr gegenüber gilt es die ›höhere Vernunft‹ (ratio superior) zu stärken, die zu Gott führt. In letzter Instanz kann dieser Weg jedoch nur von Gott selbst qua Gnade eröffnet werden.

Erziehung kann demnach also nur der Eindämmung dienen und nicht aus sich heraus zum Ziel, zum Heil führen. Der Sinn zur höheren Vernunft hingegen kann dem Individuum anerzogen werden. Dies tut auch Not, denn aus sich heraus wird es sie nicht entwickeln. Bei Augustin findet sich also bereits eine Erziehungstheorie, die Erziehung primär als gegenwirkendes Tun versteht. Weiter treffen wir hier erstmals auf eine (passive und nicht auf automatische Entfaltung angelegte) Stufentheorie, an deren Ende das Ideal einer höheren Vernunft steht, freilich unter dem Vorbehalt der Unverfügbarkeit. Damit ist schon mit Augustinus die Idee von religiöser Erziehung als ›Vorfeldarbeit‹ vor dem ›Wesentlichen‹ begründet.

1.5 Deutsche Mystik

Die skizzierte Doppelstruktur von Bildung und Erziehung, begründet mit dem menschlichen Bildungspotenzial, aber auch als Desiderat der nicht realisierten Gottebenbildlichkeit, ist bis hierher in keiner umfassenden Idee von Bildung verwirklicht. Auch der Aspekt einer tripolaren Ausrichtung kam noch nicht zur Geltung – gemeint ist eine Bildung, die das Subjekt selbst sowie seine Mitmenschen in Bezogenheit auf Gott konstitutiv im Bildungsprozess mitdenkt. Zur Erinnerung: Bildung nimmt ihren Ausgang beim Subjekt, und sie ereignet sich durchgängig als am Subjekt orientierte Selbstbildung. Erziehung hingegen nimmt die zu Bildenden als Objekte wahr, die es in Bestehendes einzufügen gilt; insofern ist sie intentional und auf vorgegebene Ziele außerhalb des Subjekts ausgerichtet. In der Geschichte von Bildung standen nun überwiegend und zu allen Zeiten Erziehungsvorstellungen im Vordergrund. Im Mittelalter ist die Vorstellung subjektorientierter Bildung schließlich weitgehend aufgegeben. Bildung als Selbstbildung gedacht, würde nach Thomas ihr eigentliches Ziel verfehlen, denn das letzte Ziel, die eigentliche und wesentliche Bestimmung kann dem Menschen nur offenbart werden. Eine gegenläufige Entwicklung, die ihrerseits den Bildungsgedanken theologisch begründet, zeichnet sich demgegenüber in der frühen deutschen Mystik ab.

Als ›deutsche Mystik‹ bezeichnet man eine spezifische Epoche der europäischen Ideengeschichte im 12./13. Jahrhundert. Prominenter Vertreter der deutschen Mystik ist Meister Eckhart (1260–1327). Meister Eckhart ist die Leistung zuzuschreiben, die theologische Begründung von Bildung (s. o.) in eine pädagogische Kategorie zu überführen. Im Gegensatz zu seinem berühmten Ordensbruder Thomas von Aquin ist Eckhart Anhänger der neuplatonischen Philosophie und nicht der aristotelischen, in deren Zentrum bekanntlich vor allem der Erziehungsbegriff stand (s. o.). Dementsprechend fokussiert Eckhart in seinen Schriften zur Bildung auch nicht primär die Vermittlung technischer Fertigkeiten. Stattdessen rekonstruiert und systematisiert er unter pädagogischen Gesichtspunkten die mit der Gottebenbildlichkeit theologisch zementierte Bildungsfähigkeit des Menschen. So verbindet er erstmals schöpfungstheologische und christologische Bestimmungen des Menschen. Dabei ist sein Denken von dualistischen Vorstellungen geprägt, wie sie für die Deutsche Mystik kennzeichnend sind. Ihn beschäftigt dabei insbesondere die Opposition von Körper und Geist: In spezifischer Interpretation von Augustins Verurteilung des Triebhaften erkennt Eckhart im Körper vor allem den langen Schatten des Kreatürlichen. Dem steht die Seele als geistig-göttliche Natur gegenüber, und sie gilt es stärken und zu befreien. Ganz anders urteilt hier eine der wenigen bekannten Mystikerinnen, Hildegard von Bingen (1098–1155).

Als Vertreterin der so genannten Frauenmystik, die sich für die Gleichrangigkeit von weiblicher und männlicher Gottebenbildlichkeit einsetzte sowie für die Betonung der Einheit von Leib und Seele und eine ›Beheimatung‹ der Seele im Leib, schätzte Hildegard den Körper wert. Damit widerspricht sie einem zentralen Dogma des Neuplatonismus, der die Seele ihrer Natur nach als weltflüchtig versteht und den Leib bei Bildungsprozessen explizit ausschließt oder sogar bekämpft.

Im Zentrum von Eckharts Argumentation steht einmal mehr eine schöpfungstheologisch fundierte Anthropologie: die dem Menschen von Gott eingehauchte Seele verleiht diesem – zumindest hypothetisch – Teilhabe am Göttlichen. Und eben dieser göttliche Teil des Menschen sehnt sich zeitlebens nach seinem Ursprung zurück. In der Göttlichkeit der Seele, dem »Seelenfünklein« (Eckhart), verfügt der Mensch auch prinzipiell über alle Fähigkeiten und Merkmale, die Gott auszeichnen. Und eben dies begründet auch unwiderruflich die Notwendigkeit von Bildung sowie die Fähigkeit eines jeden Menschen, sich zu bilden.

Weiter begründet Eckhart die Notwendigkeit von Bildung auch christologisch. So habe Bildung den Menschen das Anliegen der ›Verwandlung des Menschen in das Bild des Sohnes‹ (2 Kor 3,18). Es geht also – anders als bei Thomas von Aquin – nicht um die Erkenntnis des Göttlichen oder der Unsterblichkeit, sondern um die Wiedervereinigung der göttlichen Teile im Menschen (Seele) mit ihrem Ursprung (Gott). Daher soll Bildung den Menschen erstens dazu befähigen, sich von den irdischen Dingen (auch seinen Mitmenschen) zu lösen, sowie zweitens, qua seinem eigenen Willen, sein ureigenes Begehren aufzugeben und sich vollständig auf Gott hin auszurichten.

Die mystische Vorstellungswelt von Meister Eckhart ist heute nur schwer zugänglich; dennoch ist zu fragen, welche bewahrenswerten Elemente sein Bildungsgedanke aufweist. Sicherlich ist hier daran zu denken, dass Bildung immer ein Stück Entfremdung, Distanznehmen meint. Der bzw. die Gebildete nimmt die Dinge nicht unmittelbar so, wie sie sich selbst darstellen. Bildung hat mit Hinterfragen und mit einer neuen Sicht zu tun, wie dies bereits im Kontext einer christlich eschatologischen Begründung von Bildung skizziert wurde (Kapitel 1.2.2).

Bildung begründet sich mit etwas (»Seelenfünklein«), das außerhalb des Menschen liegt. Folgerichtig steht in ihrem Zentrum die Auseinandersetzung mit diesem Ausseitigen (Gott und die eigene Bestimmtheit durch Gott). Es gilt, das außerhalb des Menschlichen Liegende zu verinnerlichen. In pädagogischen Kategorien gedacht könnte man sagen, das Objektive wird in das Subjekt integriert.

Eckharts Ausführungen verweisen zudem darauf, dass Bildung die Persönlichkeit verändert, wobei diese Entwicklung stets vom Subjekt ausgeht. Nicht die objektive Instanz, bei Eckhart die Kirche als Verwalterin und Vermittlerin von Heil, ist konstitutiv für die Erlangung von Heil und Bildungsprozesse. Stattdessen soll der Mensch von sich aus tätig werden. Erstmals ist Bildung explizit Mittel zur Selbstheilung oder – modern gesprochen – Selbstveränderung. Vor diesem Hintergrund kann echte Bildung auch nur intrinsisch motiviert sein und ist stets am Subjekt orientiert.

Nach mystischem Verständnis ist Bildung erstmals mehr als eine reine Ansammlung und Anwendung fremdbestimmter Wissensbestände, die das Individuum zu lernen und zu verinnerlichen hat. Weiter hat Bildung nach der Leibesertüchtigung in der Antike erstmals wieder konstitutiv spirituelle und sinnliche Anteile neben kognitiven. Dies ist insofern bedeutsam, als Kreativität und Sinnlichkeit später definitorische Momente von echter Bildung werden.

Bei aller Entwicklung und Weitung des Bildungsbegriffs haben Eckharts Vorstellungen jedoch auch spezifische Schwächen. So zeichnet sich der Bildungsprozess nach mystischem Ideal durch eine explizite und exklusive Ausrichtung nach Innen aus. Das Wesentliche ereignet sich zwischen Gott und Individuum; weitere Personen, soziale und ethische Anliegen kommen nicht in den Blick, die für das Christentum zentrale Frage nach Verantwortung bleibt außen vor. Bildung betrifft stattdessen vor allem das individuelle Bewusstsein und nicht das Handeln in weiteren Kontexten. Sie ereignet sich im Modus der Kontemplation und weniger durch analytisches Denken und Dialog. Daher vermag sie auch keine handlungsorientierten oder kritischen Impulse freizusetzen.

Verstärkend kommt hinzu, dass diese Bildung ungeschichtlich bleibt: weder bedarf sie der historischen Bildung, noch hat sie selbst eine Bildungsgeschichte. Sie ist hochgradig situativ und letztlich nicht als bleibende Qualität des Subjekts bestimmt. Die Frage der Nachhaltigkeit ist aber nicht nur eine prominente Forderung unserer Zeit, sondern auch aus christlich theologischer Sicht von größter Bedeutung.

1.6 Reformation

Wenn im Folgenden die hohe Bedeutung der Reformation für die Institutionalisierung von Bildung respektive die Entwicklung der Schule herausgestellt wird, dann ist stets zu bedenken, dass die Reformation in einem sehr engen Verhältnis zum Humanismus steht. Für eine echte allgemeine Volksbildung war Luthers Sendschreiben von 1524 »An die Ratsherren aller Städte deutschen Landes, daß sie christliche Schulen aufrichten und halten sollen« von großer politischer Bedeutung. Luthers Bildungsvorstellungen sind eine Folge seiner theologischen Grundeinsichten, insbesondere der Rechtfertigungslehre als einer »Konstitutionstheorie von Subjektivität«

(Lämmermann 2005, 62). Denn durch die Idee einer bedingungslosen Gerechtsprechung wird jedem Menschen eine neue Qualität zugesprochen, die er nicht aus sich selbst heraus erworben hat.

Dieser Eigenwertigkeit des menschlichen Individuums dient auch die Bildung, deren Aufgabe darin besteht, das, was der Mensch an sich ist, nämlich ein gerechtfertigter und damit handlungsfähiger Mensch, in Erscheinung treten und wirksam werden zu lassen. Rechtfertigung ist nicht »billig«, sondern muss Konsequenzen für das alltägliche Handeln haben. Dies bedeutet, dass Bildung dazu beitragen muss, den Menschen für diese Erkenntnis und dieses Handeln zu qualifizieren. So wird schon aus der Rechtfertigungslehre unmittelbar deutlich, weshalb Luther auch weltliche Bildung fordert, denn die vernünftige Lebensführung des Menschen ist sozusagen der Indikator seiner Rechtfertigung.

Das Schriftprinzip ist ein zweites Begründungselement für eine umfassende Allgemeinbildung. Wenn die Schrift selbst und ihre Selbstauslegungsfähigkeit ohne die Notwendigkeit autoritativer Vermittlung in den Vordergrund treten, so hat dies unmittelbar pädagogische Folgen. Denn jede Christin und jeder Christ muss sich dann zum sachgemäßen Umgang mit der Bibel qualifizieren und bedarf entsprechender Fertigkeiten und Kenntnisse. Folgerichtig steht im Zentrum der christlichen Schule nach Luther die Spracherziehung.

Neben der Spracherziehung wollte Luther auch die musische Bildung in der Schule vertreten sehen, sowie Geschichte und Mathematik. Die Tatsache, dass Bildung für Jungen wie Mädchen gleichberechtigt vorgesehen ist, ist für die damalige Zeit ungewöhnlich. Auch die nachfolgende Schulgeschichte sieht nahezu ausschließlich die männliche Jugend auf den Schulbänken; erst in der zweiten Hälfte des 19. Jahrhunderts wird die Volksschule auch für Mädchen allgemeine Pflicht. Dass Luther dennoch ein solches Postulat erhebt (auch für Lehrerinnen), verdeutlicht, dass er seine Schultheorie nicht zuallererst aus gesellschaftlichen Bedürfnissen seiner Zeit entwickelt hat, sondern aus primär theologischen Gründen.

Eine drittes theologisches Begründungselement Luthers ist seine Vorstellung vom allgemeinen Priestertum aller Gläubigen. Luther betont die grundsätzliche Gleichheit aller Christenmenschen. Diese gilt es nun auch durch Bildung herzustellen. Die Aufgabe des Erziehungssystems besteht dann darin, die Differenz zwischen den Klerikern und Laien aufzuheben. Insofern ist Bildung ist bei Luther als Befreiung von Unmündigkeit, als Realisierung von Gleichheit, Freiheit und überhaupt als ein »weltlich Ding« (Luther 2011, 77) verstanden. Die Kritik, Luther habe dabei nur die innere

Freiheit des Menschen propagiert, während er die äußere Abhängigkeit zementiere, übersieht, dass Luther in ethischer und sozialethischer Hinsicht – bei aller Unterschiedenheit – größten Wert auf die Einheit von innerem und äußerem Menschen legte. Das war auch der Grund dafür, dass sich die schulische Bildung nach Luther nicht auf religiöse Aspekte im engeren Sinn beschränken konnte. Modern gesprochen: Gerade die aus dem Glauben entspringende Kompetenz zur Weltbewältigung und die Realisierung der individuellen Subjekthaftigkeit des Menschen sind notwendige Konsequenzen des Rechtfertigungsglaubens. Religiöse und weltliche Bildung gehen so Hand in Hand und bedingen sich wechselseitig.

Retrospektiv und in pädagogischer Interpretation wurde die Rechtfertigungslehre auch als eine theologische ›Konstitutionstheorie von Subjektivität‹ (vgl. Comenius u. a.) verstanden, denn »durch das Rechtfertigungsgeschehen wird der Mensch als ein unverwechselbares, einmaliges Subjekt mit eigener Würde konstituiert« (Lämmermann 2005, 62). Aufgabe von Bildung muss dementsprechend sein, konstitutive Vorgaben lebensgeschichtlich einzulösen. Zentral ist hierbei die Dialektik von Setzen und Voraussetzen: der Mensch muss sich in seinem Leben als das setzen, als was er von Gott vorausgesetzt ist; d. h. der Mensch hat von Gott die Aufgabe, sich als werthafte, unverwechselbare Subjektivität herauszubilden.

Strukturell besagt die theologische Annahme einer Gottbezogenheit, dass der Mensch zu seiner Selbstfindung auf die Relation mit einem Anders-Sein angewiesen und er von ›sozietärer Struktur‹ (Jüngel) ist. Bei Luther konstituiert sich die Gottebenbildlichkeit des Menschen deshalb zunächst vorrangig in dieser Gottes-Beziehung. Die Beziehung zu Gott ist in einer solchen Sicht der Konstitutions- und Begründungszusammenhang für menschliche Subjektivität. Die Einsicht in einen solchen relationalen Zusammenhang bestimmt Luther als Glaube.

Als menschliche Eigenschaft ist dieser als Versuch zu interpretieren, gegebene Unmittelbarkeit, Selbstbezogenheit und Begrenztheit zu transzendieren. Dieses Geschehen ist zunächst eine Sache des Glaubens, der Gottes Zuspruch für sich erkennt und anerkennt, also Glaube als subjektive Einsicht in die Erlösung.

Im Anschluss daran ist Bildung für Luther auf doppelte Weise mit Glauben verbunden: einmal – wie gesehen – als dessen Folge, insofern es um die Handlungsfolgen des Glaubens geht, zum anderen aber auch als dessen Voraussetzung bzw. Bedingung. Zentral ist hier die Unterscheidung zwischen Glaube und Rechtfertigung: Glaube ist nicht konstitutiv für das Rechtfertigungsgeschehen, denn dieses ist bedingungslos. Die Anerkennung des Menschen durch Gott ist allein Ausdruck seiner souveränen, unbedingten Gnade (sola gratia). Glaube ist erst Folge der Rechtfertigung. Er ist die Einsicht in das, was Gott am Menschen getan hat. Bildung ist Voraussetzung des Glaubens in dem Sinn, dass sie dem Menschen hilft, Einsicht in das rechtfertigende Tun Gottes zu gewinnen, aber sie kann keinen Glauben bewirken.

Bildung hat für Luther folgerichtig auch keine Verkündigungsfunktion, vielmehr vollzieht sich Glauben immer über das Verstehen. Hier macht sich die Dialektik von innerem und äußerem Menschen bemerkbar. Verstehen ist auch ein kognitiver Bewusstseinsakt und insofern an den äußeren Menschen, gebunden. Auch hinsichtlich des Glaubens darf der Mensch nicht nur nach seiner inneren Seite betrachtet werden. Glaube ist nicht ein unmittelbares, unreflektierbares, sprachloses Geschehen, sondern er ist vor allem ein Reflexionsakt. Insofern wäre es falsch, einseitig den Glauben der Innerlichkeit und die Bildung der Äußerlichkeit zuzuschreiben. Innerlichkeit und Äußerlichkeit vermitteln sich vielmehr wechselseitig: So wie Glaube eine notwendige, wenn auch nicht hinreichende Bedingung für Bildung ist, so ist Bildung für den Glauben eine notwendige, aber nicht hinreichende Bedingung.

Um es schon an dieser Stelle mit Blick auf die späteren Entwicklungen anzudeuten: Darin liegt der wesentliche Unterschied zu den Bildungsvorstellungen der dialektischen Theologen, insbesondere zu Barth; bei ihnen ist die wechselseitige Dialektik Luthers zwischen Glaube und Bildung aufgehoben im Sinne einer Vorordnung des Glaubens vor die Bildung (Kapitel 4.2.2), während Bildung für den Glauben keine Funktion hat.

Bereits der späte Luther nimmt seine ursprünglichen Bildungsvorstellungen teilweise zurück. Es ist vor allem Philipp Melanchthon, der als ›praeceptor germaniae‹ ein flächendeckendes Bildungssystem etablierte. Zunächst hob Melanchthon dabei die egalitäre Vorstellung von einer allgemeinen Bildung auf und ersetzte sie durch die einer Elitebildung (Greschat 2010, 121f). Dabei waren sicher auch humanistische Gedanken wesentlich, denn antikes Bildungsdenken war elitär (Kapitel 1.3). Mit der Wiederentdeckung antiker Bildungsideale reaktivierte man auch deren Engführungen sowie die Reduktion der Bildung auf Erziehungsvorstellungen. Mit Melanchthon treten wieder Ideen von Bildung als Zwang und Gewöhnung auf den Plan. Einmal mehr argumentiert man, Bildung habe die Triebhaftigkeit des Menschen und seinen Hang zum Wilden (zur Barbarei) abzuwehren. Insofern sei Erziehung der Vorzug zu geben, bevor Bildung zu verwirklichen sei.

1.7 Moderne

Mit der von der reformatorischen Theologie angestoßenen Institutionalisierung von Bildung bricht im Übergang zum 17. Jahrhundert eine neue Ära pädagogischer Reflexion an. So findet sich etwa bei dem Theologen und Pädagogen Johann Amos Comenius (1592-1670) ein globaler Bildungsanspruch. Zugleich wird bei Comenius ein weiterer epochaler geistesgeschichtlicher Umbruch augenscheinlich: Mystische Frömmigkeit und metaphysische Überlieferung verbinden sich scheinbar nonchalant mit aufklärerischem Impetus, wenn Comenius »Glaube und Vernunft zu einer universalen Sicht der Welt« vereint (Biehl 1989a, 47). Seinem pädagogischen Optimismus korrespondiert theologisch die Wertschätzung der Freiheit des menschlichen Willens, die sich schöpfungstheologisch mit einem grundsätzlich positiven Bild des Menschen verbindet. Vor diesem theologischen Hintergrund sind auch Comenius' Unterrichtsprinzipien – ein Höchstmaß an Freiheit und Selbsttätigkeit – zu sehen.

Knapp einhundert Jahre später scheint es, als würde Comenius' Vision eingelöst. Aufgrund seiner pädagogischen Arbeit in einem Waisenhaus unter prekären Bedingungen hält Johann Heinrich Pestalozzi (1746-1827) stets an der Überzeugung fest, dass auf das Gute ausgerichtete Anlagen zwar verschüttet sein können, als Potenzial aber nie verloren gehen. Bemerkenswert ist es zudem, dass Pestalozzi die Frage nach Bildungsverantwortung stellt und – durchaus politisch – die Träger obsoleter politischer Verhältnisse als Ursache der Missstände identifiziert. Für die didaktische Konkretion seiner pädagogischen Überzeugungen ist die (positive) Beziehungsdimension zwischen Zögling und Erzieher von allergrößter Bedeutung. Folgerichtig sind auch die Unmittelbarkeit konkreter Situationen sowie die Dimension der Erfahrung für Lernprozesse höchst bedeutsam. Die skizzierten pädagogischen Prinzipien sind bei Pestalozzi auch für explizit religiöse Bildung leitend, wobei zugleich dessen pietistische Prägung zum Vorschein kommt. So wird dem Herzen Vorrang gegenüber dem Verstand gewährt und damit der vermeintlich einfache aufrichtige Glaube komplizierten theologischen Konstrukten vorgezogen.

In dieser Phase wird das jeweilige Bildungsverständnis erstmals systematisch angewandt auf pädagogische Grundentscheidungen, wie Ziele, Inhalte, didaktische Prinzipien bis hin zu methodischen Entscheidungen für die Unterrichtsgestaltung. Damit ist das Aufgabenfeld der Religionspädagogik als wissenschaftlicher Disziplin eröffnet. Der Begriff ›Religionspädagogik‹ wurde (evangelischerseits) erstmals 1889 gebraucht. Die wissenschaftliche Religionspädagogik erlebt ihre Geburtsstunde also erst in der Wende zum 20. Jahrhundert.

1.8 Postmoderne

Die Suche nach einer eindeutigen und gesicherten Wahrheit wird in der Postmoderne prekär. An die Stelle der Vorstellung von der *einen* unumstößlichen Wahrheit tritt unter postmodernen Bedingungen die Annahme, dass es vielfältige Wahrheiten gibt, die damit einhergehende Ansprüche erheben dürfen. Letztendlich ist jeder Versuch der Definition einer Wahrheit nur als subjektiver Akt eigener Konstruktionen zu interpretieren. Wer sich im Besitz einer exklusiven Wahrheit zu befinden meint, schließt andere Wahrheitsansprüche nach postmoderner Überzeugung unberechtigt aus. Fundamentalismus und gegebenenfalls religiöse wie politische Intoleranz sind in dieser Perspektive potenzielle Folgen.

Während unter modernen Gesichtspunkten die Differenzen zwischen unterschiedlichen Wahrheitsvermutungen im Namen einer kritischen Vernunft geklärt werden sollten, wird in der Postmoderne der Begriff der ›Vernunft‹ selbst strittig. Der Appell an eine diskursive Vernunft gilt unter postmodernen Bedingungen ebenso als eine der vielen sogenannten *Großerzählungen* wie der Anspruch auf eine übergeordnete, unumstößliche Wahrheit – etwa auf Basis christlicher Weltanschauung. Letztere trifft allerdings noch härter das Urteil eines märchenhaften Narratives, dessen Zeit tendenziell vorbei sei. Unter der postmodernen Ägide gibt es nämlich weder Selbstverständlichkeiten noch unmittelbare Plausibilitäten (Welsch 2002). Wenn es aber keine eindeutigen Klarheiten und Wahrheiten gibt, dann wird in letzter Konsequenz alles beliebig. Deshalb tritt unter postmodernen Bedingungen ein Phänomen auf, das man mitunter als ›Bastelmentalität‹ oder unter identitätspsychologischen Aspekten als ›Fragmentarität‹ charakterisiert.

Sich nicht festzulegen, um möglichst viele Optionen offen zu lassen, ist nach diesen Vorstellungen der grundlegende Wunsch des postmodernen Menschen. Auf der anderen Seite liegt das Bestreben nach Sicherheit. Aus dieser Dichotomie heraus entstehe schließlich Verunsicherung, die Menschen veranlasst, sich aus unterschiedlichen Traditionen ein eigenes Weltbild zu kreieren, in dessen Zentrum dann exklusiv das Individuum steht. Neben einer starken Ich-Zentrierung zeichnen sich postmoderne Weltbilder konstitutiv durch prinzipiell nicht begrenzbare Pluralität aus. Die postmoderne Welt soll vielfältig und nicht einfältig sein. Geboren aus dem Protest gegen moderne Rationalität können zudem auch durchaus irrationale Elemente integriert werden. Postmodernes Bewusstsein setzt in diesem Fall tendenziell auf die Unmittelbarkeit von Gefühlen und Erfahrungen und rehabilitiert so indirekt auch das Irrationale, das man durch die Moderne als überwunden angesehen hatte.

Vor diesem Hintergrund ist in religionspädagogischer Perspektive auch von einem postmodernen Synkretismus zu sprechen. Die Bildungsvorstellung der Moderne bestand darin, das Subjekt zu sich selbst zu führen und stark zu machen (Kapitel 2). Demgegenüber wird postmodern eher für ein schwaches Individuum plädiert, weil damit Herrschaftsansprüche und Omnipotenzphantasien verabschiedet seien. Zugleich wäre damit – so wird argumentiert – die Anfälligkeit für fundamentalistische Einstellungen abgewehrt. Insofern erfülle oder überbiete die Postmoderne geradezu das Postulat der Moderne und der Aufklärung, nämlich das Programm eines mündigen, autonomen Subjekts.

Allen konstruktiven Einsichten der Postmoderne zum Trotz ist festzustellen, dass die vermeintliche Bescheidenheit des postmodernen Selbstbewusstseins bei näherer Betrachtung durchaus ambivalent und widersprüchlich sein kann. Der Bildungsgedanke, wie er oben ausgeführt und für diesen Text leitend ist, ist hingegen tief in der Tradition der modernen Aufklärung verwurzelt. Er widersetzt sich der Idee, dass ein jeder in beliebiger Weise und postmodern legitimiert Sinn stiftet. So ist die genuine Aufgabe religiöser Bildung grundsätzlich immer Selbstaufklärung (mithin auch kritische, Kapitel 2) des Menschen statt Affirmation willkürlicher Setzungen. Dabei helfen christliche Traditionen als Spiegelbild, aber auch als Widerpart zum eigenen Selbstverständnis. Insofern kann sich religiöse Bildung nicht unmittelbar dem postmodernen Verständnis unterwerfen, sondern bildet ein kritisches Potenzial und ein Gegenüber dazu.

Allerdings gehört diese Einsicht selbst konstitutiv zu den Optionen der Postmoderne, so dass sie zu einer solchen postmodernen Analyse keinen prinzipiellen Dissens bildet. Kritische Bildung versteht sich ja selbst als Suchen von Wahrheit und nicht als unmittelbare Forderung zur Aneignung einer externen Wahrheit. Die diskursive Auseinandersetzung mit Wahrheitsansprüchen und Wirklichkeitsinterpretationen ist insofern ein gemeinsames Erbe von Moderne und Postmoderne. Beiden gemeinsam ist dabei der Verzicht auf exklusive Ansprüche – und darin liegt im Grunde auch das Wesen von Bildung überhaupt. Echte Bildung ist stets inklusiv und nicht exklusiv, denn sie ist letztlich eine auf kritischer Reflexion und analytischem Denken basierende Suchbewegung. Unmittelbarkeitsfantasien, von denen ein falsch verstandenes postmodernes Programm ausgeht, sind hingegen nicht bildungstauglich.

Offen ist indes noch die Frage, was religiöse Bildung gegebenenfalls von postmodernen Anschauungen lernen kann: Zunächst und vor allem ist dies der Verzicht auf Eindeutigkeit nicht als totale Beliebigkeit, sondern als prinzipielle Offenheit für andere und anderes. Statt eindeutiger Festlegungen ist der ständige Wechsel der Perspektiven gefordert.

Alsdann ergibt sich aus der Pluralität postmodernen Selbstverständnisses, dass religiöse Bildung nicht konkurrenzlos ist. Sie setzt sich vielmehr beständig mit anderen Religionen und alternativen Sinnangeboten auseinander. Darunter fällt die Aufgabe, in den anderen Deutungsmustern möglicherweise verborgene Interessen herauszuarbeiten (Kapitel 5). Die Lust am kritischen und konstruktiven Diskurs ist in dieser Perspektive ein Gewinn, der aus postmodernen Reflexionen gezogen werden kann. Offenheit im Diskurs meint dabei gerade nicht Positionslosigkeit, sondern geradezu das Gegenteil, nämlich eine reflektierte Position einzunehmen, die auch darin besteht, sich und seine jeweilige Position in Frage stellen zu lassen.

2 Bildung zwischen (»christlicher«) Anthropologie und anthropologischen Voraussetzungen

»Jedem religionspädagogischen und bildungstheoretischen Ansatz liegt eine bestimmte theologische Anthropologie bzw. anthropologische Theologie zugrunde« (Boschki 2008, 41). Als apriorische Bestimmung von Bildung und ihren Adressat(inn)en sind anthropologische Voranahmen also weit mehr als eine abstrakte Hintergrundphilosophie, stehen doch zentrale pädagogische Grundfragen – etwa die nach Anlass, Sinn und Ziel von Bildung – aber auch konkrete didaktische Entscheidungen inhaltlicher oder methodischer Art im Zusammenhang damit, welche Grundansichten Lehrende in Bezug auf ihre Aufgabe und die ihnen Anvertrauten vertreten. Im Diskurs um diese Zusammenhänge ist jedoch keineswegs von linearen oder kausalen Beziehungen auszugehen, vielmehr stehen anthropogene Bedingungen von Bildung und ihre anthropologische Bestimmung in einem dynamischen Spannungsverhältnis.

Anthropologie kann als wissenschaftlich fundierte Theorie vom Menschen näher gefasst werden, derzufolge sich der Mensch im Kontext der zugrunde liegenden Wissenschaftsdisziplin (bspw. Medizin, Ethnologie, Biologie, Soziologie, Theologie u. v. m.) *selbst* reflektiert, statt sich zum Objekt der Betrachtung zu machen. Es geht nicht darum, das Wesen des Menschen aus der Distanz sezierend zu definieren, sondern zu Selbstinterpretationen anzuregen. Insofern und an zuvor Gesagtes anschließend steht die (theologische und philosophische) Anthropologie von Beginn an im engen Zusammenhang mit Bildungsfragen. Verschärfend kommt hinzu, dass sich die Frage nach dem Menschen – was ihn einzigartig macht, was er kann, darf und soll – in einer Zeit, die von markanten Umbrüchen in den Bereichen Gesellschaft (Pluralisierung, Globalisierung, Ökonomisierung), Technik (digitale Revolution) und Wissenschaft gekennzeichnet ist, besonders dringlich stellt.

Insofern ist auch eine anthropologische Perspektive im speziellen Fall von Bildung weit mehr als ein »Indikator für eine gesellschaftliche Krisensituation« (Manemann 2001, 231; Pesch 2008, 48f). Vielmehr nehmen die

Anthropologie und ihre jeweiligen Deutungsoptionen zum Wesen des Menschen im Kontext von Bildung gerade in einer Situation wie der skizzierten eine Schlüsselposition ein. Zudem bedarf es im Sinne einer ethisch reflektierten Wahrnehmung von Bildungsverantwortung der beständigen Aufklärung und Reflexion darüber, welche anthropologischen Grundannahmen im Hintergrund tragender Bildungs- oder Erziehungstheorien stehen. Anthropologie liefert normative und hermeneutische Vorannahmen, die im Entwicklungsprozess von Bildungstheorien und didaktischen Konzepten offengelegt werden müssen. Insbesondere der Religionspädagogik als Verbundwissenschaft kommt hier eine Schlüsselfunktion zu. Als ›Kind mehrerer Eltern‹ (Theologie, Pädagogik und weiterer Sozialwissenschaften, Kapitel 3) hat sie es mit unterschiedlichen Anthropologien zu tun, und es zählt zu ihren genuinen Aufgaben, diese zu identifizieren, zu reflektieren und argumentativ im Diskurs zu vermitteln.

2.1 Subjektorientierte Bildung in christlich-anthropologischer Perspektive

Der Gang durch die Ideengeschichte von (religiöser) Bildung hat bereits gezeigt, wie eng die christliche Anthropologie von Anfang an mit Grundfragen von Bildung verwoben ist. Dabei wurde im anhand biblischer Anthropologie (Schöpfungstheologie) und zentraler dogmatischer Lehren (Rechtfertigung, Eschatologie) sowie Luthers reformatorischer Theologie dafür argumentiert, subjektorientierten Bildungstheorien gegenüber verobjektivierenden Theorien den Vorzug zu geben. Noch nicht näher bestimmt ist indes, was unter »subjektorientierter Bildung« zu verstehen ist, und wie diese weiter auszudifferenzieren ist.

2.1.1 Vom Subjekt zur Subjektivität

Es ist ein landläufiges Missverständnis, Subjekt- mit Schülerorientierung gleichzusetzen und anzunehmen, dass Bildungstheorien und -konzepte bereits dann subjektorientiert zu nennen wären, wenn sie die Schülerinnen und Schüler zum Ausgangspunkt ihrer Überlegungen und Entscheidungen machen. Zum besseren Verständnis trägt die Differenzierung zwischen Subjekt und Subjektivität bei: »Subjektivitätsorientierung schließt Subjektorientierung ein, ist aber mit dieser nicht identisch; beide verhalten sich zueinander wie Ende und Anfang eines Prozesses, der im pädagogischen Sinne ›Selbstbildung‹ heißt.« (Lämmermann 2005, 171). Die begriffliche Unterscheidung macht deutlich, dass Selbstbildung eben nicht nur ein interner Entwicklungsprozess im Sinne einer Selbstentfaltung oder – modern gesprochen – Selbstverwirklichung ist. Vielmehr zeigt sich, dass das Subjekt eines Gegenübers bedarf, einer spezifischen Irritation und Selbstdistanzierung und einer »Selbstexplikation im Anderen« (Lämmermann 2005, 212), um vom Subjekt zur Subjektivität zu werden.

Strukturell wie inhaltlich korrespondiert einem solchen Verständnis von Selbstbildung die im ersten Kapitel skizzierte Fundierung in der christlichen Theologie, etwa der schöpfungstheologisch begründeten Gottebenbildlichkeit eines jeden Menschen als Ausdruck von Bildungsfähigkeit und -auftrag. Die Struktur vorausgehenden Zuspruchs mit daraus folgendem Anspruch findet sich in der Mystik mit der Bestimmung des Subjekts als Urbild-Abbild-Relation. Das Subjekt ist selbstvermittlungsfähig, dabei aber eben gerade vermittlungsabhängig.

Implizit ist mit der theologischen Bestimmung von Bildung durchaus ein normatives Prinzip implementiert, nämlich die bleibende Differenz zwischen »dem Selbst« und »dem Anderen«. Das Fremde kann und soll nicht erreicht oder vereinnahmt werden, sondern in seiner Andersartigkeit und Unverfügbarkeit Impulse für die Subjektwerdung als kontinuierliche Aufgabe bieten. Bildung als Subjektwerdung beschreibt demnach den Prozess selbstverantworteter Aneignung und Gestaltung, bei der das Subjekt in der Auseinandersetzung mit seiner Umwelt diese wahrnimmt, reflektiert und aktiv gestaltet und derart zur Subjektivität wird.

Bildung interpretiert als Selbstbildung zur Subjektivität hat es aber auch mit Hindernissen und Einsprüchen zu tun. Zum einen existieren Bildungshindernisse und -hemmnisse – etwa weil die zu bildenden Subjekte noch nicht über die erforderlichen formalen Fähigkeiten und Fertigkeiten verfügen, um sich ihre Umwelt reflektierend und selbstständig zu erschließen. Auch sind spezifische – etwa entwicklungsbedingte – Voraussetzungen anzunehmen (Kapitel 2).

In der bildungstheoretischen Diskussion der Gegenwart werden normative und hermeneutische Ansprüche der skizzierten Art häufig als normativ-deduktives Denken stigmatisiert und für obsolet erklärt oder ihnen bestenfalls Anregungspotenzial anstelle konstitutiver Bedeutung im Bildungsprozess zugesprochen, weil sie per se mit postmodernen Grundüberzeugungen nicht vereinbar seien. Dass gerade darin spezifische Chancen für einen kritischen Diskurs und eine andere Perspektive liegen, wird dabei übersehen.

Die normativen Ansprüche einer bildungstheologisch fundierten Theorie von Bildung und Erziehung und die damit einhergehende Struktur hermeneutischer und identitätsbildender Prozesse müssen sich unter den Bedingungen der Postmoderne kontinuierlich hinterfragen lassen, können so aber auch neue Plausibilität gewinnen.

So ist mit Schröder festzustellen, dass der Subjektbegriff der Religionspädagogik überwiegend nicht auf Theorien rekurriert, für die Objektivitäten (also fremdbestimmte Anliegen) konstitutiv für die Genese von Subjektivität sind. Stattdessen trifft man dort vorrangig auf Subjekttheorien, die »der Sozialität und kommunikativen Anlage des Menschen nachdenken (etwa Sören Kierkegaard, Martin Buber, Emmanuel Levinas), psychologische Subjekt-Theorien, die empirie- oder wahrnehmungsgestützt dessen Entwicklung nachzeichnen (etwa Carl Rogers, George Herbert Mead, Erik Homburger Erikson), soziologische Theorien, die gesellschaftliche Einflüsse auf den Einzelnen analysieren (Niklas Luhmann, Richard Sennett, Ulrich Beck) und nicht zu zuletzt die modernen theologischen Entwürfe, die in Anknüpfung an Martin Luther und Johannes Calvin auf den Spuren Schleiermachers Theologie als menschliche Rede von Gott und damit immer auch als Aussage über sich selbst beziehungsweise den Menschen verstehen.« (Schröder 2012, 233).

Die Selbstkonstitution von Subjektivität durch andere Subjekte wird im beschriebenen veränderten Paradigma tendenziell aufgebrochen, denn auch »menschliche Beziehungen [werden] fragmentarisch und diskontinuierlich« (Baumann 1997, 163) in Analogie zu den skizzierten postmodernen Trends. Das andere Subjekt wird dabei zum reinen Anlass von Selbstreflexion und zum Ort der selbstvermittelten Selbsterkenntnis. Damit wird nicht nur ein emphatisches Plädoyer aufklärerischer Pädagogik und Philosophie abgeschwächt; auch die Begegnung selbst erfährt einen paradigmatischen Wechsel vom Modus des Ethischen hin zum Ästhetischen, denn eine solche Wahrnehmung ist »geeignet, zwischen den Reflexionskulturen des Dogmatischen und Ethischen eine dritte anzubauen.« (Timm 1990, 211).

Bei allen positiven Anteilen eines ästhetischen Zugangs (auch in Bildungsprozessen) ist jedoch zumindest zu fragen, ob nicht möglicherweise in einer solchen direkten, rein anmutenden Begegnung zwischen Subjekten ohne inneren Identitätskern die für kritisches Denken notwendige (Selbst-)Distanzierung gefährdet ist. Mit dem Trend zum Ästhetischen (statt Ethischen) und der postmodernen, autarken Selbst-Zentrierung geht zudem eine Abwendung von der sozialen Welt einher, die eben nicht mehr als konstitutiv für die Subjektivität erachtet wird, sondern vielmehr als hinderlich für die Selbstwerdung interpretiert wird. »Diese postmoderne Fiktion von einer ursprünglichen Perfektibilität des Menschen entspricht ganz den anthropologischen Prämissen der Antipädagogik, die in gewisser Weise als Pädagogik der Postmoderne gelten kann.« (Lämmermann 2005, 177). Auf den Verdacht einer Überformung der ureigenen Identität durch Bildung und das soziale Umfeld folgt der Rückzug ins Private und zunehmend auch in virtuelle Welten; Bildungsprozessen kommt dabei ihr kritisches Potenzial abhanden.

Gerade hier könnte die Rückbesinnung auf eine theologisch-anthropologische Bestimmung von Bildung eine konstruktive Provokation darstellen. In bildungstheologischer Perspektive beschreibt das ›Subjekt‹ bzw. die ›Subjektivität‹ zwar wie andernorts auch das Individuum, die Einzelperson, jedoch ist der Gebrauch »nicht deskriptiv, sondern normativ« (Schröder 2012, 233) als Ziel von Entwicklung, Entfaltung, Selbstverwirklichung und letztlich auch von Erziehung und Bildung. Merkmale des Subjekts sind nach Schröder nämlich: ein Bewusstsein seiner selbst, Freiheit bei gleichzeitiger Verantwortungsübernahme, Gestaltung der sozialen wie natürlichen Umwelt (statt Rückzug), die Fähigkeit zu lieben sowie die Sicht auf die eigene Existenz als eine Geschichte der kontinuierlichen Selbstentfaltung (Schröder 2012, 234).

Somit ist Subjektivität als Inbegriff »selbstbewusster Handlungsfähigkeit, Integrität und Daseinsgewissheit« (Schröder 2012, 234) zusammenzufassen. Alleinstellungsmerkmal einer bildungstheologischen Bestimmung von Bildung ist dabei die Prämisse, dass sich die Beziehung des Subjekts zu sich selbst »sich nicht allein [verdankt], sondern seiner Beziehung zu anderen Menschen sowie, grundlegend, seinem Verhältnis zu Gott.« (Schröder 2012, 234). Die Gottesbeziehung als Schlüsselmoment der Selbst-Konstitution von Subjektivität ist jedoch nicht nur Proprium einer theologisch fundierten Bildungstheorie, sondern auch eine unüberwindbare Abgrenzung gegenüber der Möglichkeit einer unmittelbaren, autarken Selbstbestimmung des Subjekts, wie sie für den Kontext postmoderner Tendenzen beschrieben wurde.

Die »Beziehungsstruktur christlichen Glaubens (...) macht religiöses Lehren und Lernen zu einem Beziehungsereignis« (Boschki 2008, 49) und erklärt, weshalb eine theologische Bestimmung von Bildung nicht normativ im klassischen Sinne, sondern vielmehr normativ-hermeneutisch ist. Die theologischen Bestimmungen von Subjektivität und Bildung sind Kontrastbilder, die in spezifischer Bezogenheit soziale und persönliche Realitäten spiegeln und zu entsprechenden Positionen und Handlungen aufrufen. Insofern sind sie zumindest als bildungstheologische Impulse auch nicht rein transzendent und klassisch normativ aufzufassen, sondern immanent-hermeneutisch als Anlass zur Selbst- und Weltreflexion und begründen dabei »das für eine kritische Bildungstheorie zentrale Prinzip der Unverfügbarkeit des Subjekts und der Subjektivität.« (Lämmermann 2005, 179).

2.2 Anthropogene Faktoren

Vor dem Hintergrund einer christlich-anthropologisch fundierten Bildungstheorie, in deren Zentrum die Ausbildung von Subjektivität steht, sind anthropologische Faktoren, wie etwa der individuelle Entwicklungsstand oder die Persönlichkeit, zwar einerseits didaktisch zu antizipierende Bedingungen, andererseits ist aber auch nach ihren theologisch-religionspädagogischen Wertungen und Bedeutungszuschreibungen zu fragen.

2.2.1 Kognitiv-strukturalistische Entwicklungstheorien

Kognitiv-strukturalistische Entwicklungstheorien korrespondieren in spezifischer Weise mit dem, was bislang über Bildung im Spannungsverhältnis von Fremdansprüchen und Eigenpotenzial gesagt wurde: Nach J. Piaget – dessen Erklärungsmodell für alle weiteren grundlegend ist – geschieht Entwicklung durch aktive, auf Assimilation und Akkommodation beruhende Auseinandersetzung mit der Umwelt, die periodisch zu Stadien eines befriedigenden Ausgleichs gelangt (Äquilibration). Über assimilierende Prozesse passt das Kind »die Welt an sich an«, in der Akkommodation hingegen nähert sich das Kind seinerseits über die Ausbildung neuer kognitiver Schemata der Welt an. Begrifflich bezeichnet ein ›Modell‹ bekanntlich idealtypische Abläufe und damit Ereignisse, die auch ganz anders interpretiert werden könnten. So ist hier an die Kritik bezüglich der aufsteigenden Struktur und einer impliziten Höherwertung späterer Stufen zu denken und damit einhergehend an die Höher- bzw. Abwertung einzelner Stufen, ferner an die Annahme, dass die Stufen zwangsläufig chronologisch vom Individuum zu durchlaufen seien. All dies mag mehrheitlich zwar zutreffend sein, inzwischen sind aber ebenso Sprünge, Rückschritte und in spiralförmiges Durchlaufen der Stufen im Lebenslauf belegt. Trotz vieler möglicher und berechtigter Einwände behalten die Entwicklungstheorien als Denkmodelle jedoch ihre didaktische Relevanz; zudem halten sie auf bildungstheoretischer Ebene die Frage nach der Rolle des Individuums im Lernprozess und seinem konstitutiven Anteil an jeder Bildung wach.

2.2.1.1 Jean Piaget: Kognitive Entwicklung

Strukturgenetische Entwicklungstheorien betrachten das Individuum – wie der Name es bereits nahelegt – in struktureller Perspektive, sie eruieren, welche Struktur dem Denken, Urteilen und Erklären zugrunde gelegt ist. Am Anfang dieser Schule steht Jean Piaget, dem im Zuge einer von ihm begleiteten Studie auffiel, dass Fehler bei den Proband(inn)en offensichtlich nicht zufällig und willkürlich passieren, sondern stattdessen idealtypische Muster aufweisen, die er mit dem Konzept alters- und entwicklungsspezifischer Denkstrukturen erklärt. Mit Hilfe der sogenannten klinischen bzw. revidierten (nun gegenstandsgestützten) klinischen Methode identifiziert Piaget vier unterschiedliche Stadien kognitiver Entwicklung: auf die *senso-motorische* erste Phase folgen die *präoperationale*, die *konkret-operationale* sowie *formal-operationale Phase*, die jeweils in sich weiter differenziert werden können.

In den ersten zwei Lebensjahren, während der senso-motorischen Phase, ist zumindest zu Beginn vor allem eine Weiterentwicklung und Ausweitung angeborener Instinkte zu beobachten. Intellektuelle Leistungen im engeren Sinne sind daher zunächst nicht vorhanden, sondern bilden sich erst dann aus, wenn jene instinkt- und reflexbasierten Erfahrungen sowie Anpassungsleistungen (über Zweck-Mittel Relationen) des Säuglings an seine Umwelt eine Deutung erfahren. Die sogenannte *Objektbildung* ist als solch eine Leistung zu interpretieren: das Kind nimmt sich nun als eigenständige, von der Mutter unabhängige Entität wahr. Dieser Schritt ist nicht nur entscheidend für die Ausbildung einer eigenen Identität, sondern bildet zugleich die Grundlage für weitere komplexe kognitive Operationen, wie etwa Objekte zu benennen und sprachfähig zu werden oder weitere Symbolfunktionen wahrzunehmen.

In der nachfolgenden voroperativen Phase nimmt das Denken im eigentlichen Sinne seinen Anfang. Man unterscheidet in diesem Stadium eine »vorbegriffliche« Phase (2. bis 4. Lebensjahr) sowie eine des anschaulichen Denkens (4. bis 7. Lebensjahr). Die Differenzen dieser Stadien werden u. a. an der Sprache deutlich: wird diese zunächst rein instrumentell eingesetzt, um etwas zu erreichen, dient sie später der Orientierung und als Erklärungsstrategie, indem etwa durch Sprache wahrgenommene Objekte ordnend klassifiziert werden. Für äußere Eindrücke werden dabei »innere Repräsentanzen« erworben, die bei Bedarf Orientierung stiften und handlungsfähig machen. Der Abschluss der präoperationalen Phase ist markiert vom Übergang von der Begriffsbildung zum abstrahierten Regelwissen. Allerdings bleibt dieses Regelwissen zunächst vergleichsweise starr. Zentrale kognitive Operationen, wie Kombinieren und (bspw. reziproke) Zusammenhänge herzustellen, bleiben zu diesem Zeitpunkt noch aus. Weiter bleibt das kindliche Denken an sichtbare Phänomene gebunden und überwiegend egozentrisch. Damit einher geht das Fehlen der Fähigkeit, Alternativen zur eigenen, individuellen Denk- oder Sichtweise anzunehmen.

Zwischen dem 7. und 11. Lebensjahr sind Kinder schließlich zum konkret-operationalen Denken in der Lage. Zwar bleibt das Denken zunächst noch auf konkret-anschauliche Information angewiesen, zugleich hat das Kind aber nun auch - anders als zuvor - ein Bewusstsein für abstrakte Phänomene wie Zahlen, Raum, Proportionen und damit verbunden Zeit, was die Möglichkeit kategorial neuer Denkoperationen erlaubt. Nun können nämlich Kausalzusammenhänge und hierarchische Ordnungen erfasst werden und damit eine neue Dimension an Zusammenhängen sinnstiftend hergestellt werden. Kognitive Leistungen wie Assoziieren, Kombinieren oder Umkehren gehören nun zum habitualisierten Repertoire des Denkens. Dies hat auch Folgen für das soziale Miteinander: Die zu Beginn der Entwicklung kennzeichnende Egozentrik (im Wahrnehmen, Denken und Sprechen) wird abgelöst von wachsender Sozialkompetenz, etwa der Bereitschaft zur Rollenübernahme. Im Zuge einer sich gegenseitig bedingenden Dynamik fördert dies wiederum das abstrakte Denken. In ähnlicher Weise vollzieht sich der Übergang von der Intuition zur Logik.

Mit Eintritt in das frühe Jugendalter (Adoleszenz) erlangen Kinder schließlich die Fähigkeit des formal-operativen Denkens. Denkhandlungen sind nun weitgehend unabhängig und flexibel. Hypothetisches Denken und Experimentieren stellen nun kein Hindernis mehr dar, da das Denken nicht mehr auf Vorstellungen und konkrete Bezüge angewiesen ist. Folgerichtig können quasi alle formallogischen Aussagen nachvollzogen werden.

2.2.1.2 Lawrence Kohlberg: Entwicklung des moralischen Urteils

Piagets Stufenlogik aufgreifend entwirft Lawrence Kohlberg 1958 ein Modell zur Beschreibung der Entwicklung moralischen Urteilens, das wohlgemerkt keinen Hinweis auf Verhaltens- und Handlungsweisen der ProbandInnen gibt, sondern sich ausschließlich mit den Argumentationsstrukturen von deren moralischer Urteilsbildung befasst. Die Basis seiner Studien bildet das sogenannte ›Heinz-Dilemma‹, das verkürzt den folgenden Sachverhalt beschreibt: Ein Apotheker hat ein neues Medikament entwickelt, das das Leben von Heinz' tödlich erkrankter Frau retten könnte. Obwohl Heinz alle ihm möglichen finanziellen Mittel aufbringt, reicht dieser Betrag nicht, um den geforderten Preis zu bezahlen. Der Apotheker verweigert einen Preisnachlass, woraufhin Heinz das Medikament stiehlt. Augenscheinlich liegen in der skizzierten Situation unterschiedliche Wertemuster miteinander im Konflikt; für die Zuordnung zu einer spezifischen Stufe sind jedoch die unterschiedlichen Argumentationsstrukturen entscheidend, die in von Kohlberg geführten Interviews dokumentiert sind.

Kohlberg identifiziert bei der Analyse drei Niveaustufen, eine *präkonventionelle*, eine *konventionelle* sowie eine *postkonventionelle*. Die genannten Niveaus sind in je zwei Stufen weiter zu differenzieren. So findet sich auf dem präkonventionellen Niveau die erste Stufe 1, die sich durch *Gehorsam bzw. Strafvermeidung* auszeichnet. Es dominiert eine vorrangig strategische Argumentation, die darauf abzielt, Sanktionen zu vermeiden und sich aus diesem Grund an Regeln zu halten. Auf der zweiten Stufe ist ein *instrumenteller Hedonismus* archimedischer Punkt allen Urteilens. Nach dem Motto »do ut des« (frei übersetzt: »ich gebe, damit mir gegeben werde« oder »wie du mir, so ich dir«) macht das Individuum seine Urteile vom Kriterium der Konformität abhängig, derer es eben bedarf, um den persönlich größtmöglichen Nutzen zu verwirklichen. Im Kontext des Heinz-Dilemmas könnte hier die Aussage stehen, dass ein Diebstahl gerechtfertigt wäre, denn auch der Apotheker hat sich ja nicht großzügig oder »fair« verhalten. Auf dem nachfolgenden *konventionellen Niveau* tritt nun eine geweitete, auf die Gesellschaft bezogene Perspektive auf den Plan. So wird auf der dritten Stufe das *unmittelbare soziale Umfeld* zum Parameter des moralischen Urteils. Gut ist, was die Anerkennung der Menschen im persönlichen Umfeld findet. Auch die vierte Stufe folgt im weitesten Sinne dieser strategischen Ausrichtung, wobei das Gesetz (*law and order*) zum Ausdrucksmittel des nun geweiteten sozialen Umfelds avanciert. Auf der *letzten Niveaustufe* trifft man auf Stufe fünf auf eine *prinzipiengeleitete Struktur* des moralischen Urteils, die Konventionen hinter sich zu lassen vermag und in diesem Sinne postkonventionell ist. Die ethische Funktion gesellschaftlicher Regeln und Normen – sowohl in Hinblick auf die Gemeinschaft wie das Individuum – wird zum Dreh- und Angelpunkt der Argumentation. Die letzte Stufe sechs ist schließlich eine hypothetische, die empirisch quasi nicht nachweisbar ist. Das moralische Urteil ist hier in seinen Begründungslinien an einer *höheren menschlichen Vernunft* ausgerichtet, wie sie sich etwa in Kants kategorischem Imperativ manifestiert.

2.2.1.3 Fritz Oser/Paul Gmünder und James Fowler: Entwicklung des religiösen Urteils und Glaubens

Bereits Piaget war im Zuge seiner Studien darauf aufmerksam geworden, dass religiöse Vorstellungen ein relevanter Faktor neben weiteren bei der kognitiven Entwicklung und der Ausformung eines eigenständigen Weltbildes zu sein scheinen. Wie Kohlberg subsumierte er diese im Kontext der moralischen Entwicklung und Urteilsbildung. Erst F. Oser/P. Gmünder sowie J. W. Fowler haben die religiöse Entwicklung als eigenständigen Prozess fokussiert, wobei Oser/Gmünder eindeutig auf dem Boden kognitiv-struktureller Theorien zu verorten sind, während Fowlers Forschung darüber hinaus explizite Bezüge zur klassischen Ich-Psychologie (etwa der von E. Erikson) aufweist.

Die Entwicklung des religiösen Urteils läuft nach Oser und Gmünder auf das Ziel religiöser Autonomie zu und ist nach strukturgenetischer Entwicklungslogik in Stufen gegliedert. Zunächst durchläuft das Kind eine vorreligiöse Phase, in der Primärerfahrungen mit den nahen Bezugspersonen dominieren. Weitere Gegenüber für eine Beziehung, etwa Gott (bei Oser und Gmünder als »Ultimat« bezeichnet, um auf die Universalität und Kulturunabhängigkeit ihres Ansatzes zu verweisen) sind für das Kind zu diesem Zeitpunkt noch nicht vorstellbar. Auf der nachfolgenden ersten Stufe sieht das Kind im Ultimat eine Macht und Autorität, die unmittelbar und konkret in die Wirklichkeit der Welt bestimmend eingreift und dem Menschen nur reaktives Verhalten (Gehorsam) ermöglicht. In Anlehnung an das griechische Drama wird diese Phase als »deus-ex-machina« bezeichnet – Gott führt allein und unbeeinflusst alle Fäden. Hier spiegeln sich augenscheinlich die bisherigen lebensgeschichtlichen Erfahrungen des Angewiesenseins sowie der Abhängigkeit (von den Eltern) wider. Entsprechend fühlt das Kind sich auch in religiöser Hinsicht noch umfassend fremdbestimmt, erwartet aber auch, dass der Ultimat Bedürfnisse und Wünsche konkret erfüllt.

Kommt es hier zu Defiziterfahrungen sowie generell zu Kontingenzerfahrungen, führen diese häufig zum Fortschreiten auf die zweite Stufe, die mit »do ut des« umschrieben ist. Empfand sich das Kind bislang seiner Lebenswirklichkeit passiv ausgesetzt, so hat es nun das Gefühl, sein Umfeld und in religiöser Hinsicht Gott aktiv beeinflussen zu können, etwa durch opportunes Verhalten oder vielfältige religiöse Praxis (Gebete und Riten). Die individuelle Beziehung zu Gott erhält nun ihren Beziehungscharakter, denn nun treten zwei handelnde Agenten auf. Eben diese Erfahrung macht das Kind auch in seinen weiteren Lebenskontexten, wo es inzwischen handelndes Subjekt ist, dessen Handlungen positive wie negative Folgen haben. Entsprechend interpretiert das Kind in dieser Phase gute wie schlechte Ereignisse als unmittelbare Folgen des eigenen Verhaltens und Handelns. Der auf dieser Stufe vorherrschenden Logik zuwiderlaufende, sogenannte *kontingente* Ereignisse bilden dabei eine Sondergruppe an Erfahrungen, die im Kontext von (religiöser) Bildung äußerst relevant ist (Kapitel 2.4), denn hier brechen zum einen grundlegende existentielle Fragen auf. Zum anderen werden kontingente Erfahrungen zur Triebfeder einer Weiterentwicklung des religiösen Urteils.

So findet sich auf der nachfolgenden dritten Stufe die Idee einer absoluten individuellen Autonomie, in theologischer Terminologie die Idee des Deismus. Hier rechnet das Individuum mit dem Rückzug des Ultimaten aus der Welt. Der Mensch trägt nun die alleinige Verantwortung für sein Leben, während der Bereich des Ultimaten demgegenüber eine ganz andere, eine transzendente Sphäre repräsentiert. In dieser Phase kann es passieren, dass das Individuum von nun an exklusiv auf die eigene Handlungs- und Entscheidungskompetenz setzt und der Ultimat nicht länger eine Facette der Selbstinterpretation und Reflexion des Menschen darstellt. Eine solche atheistische Selbst- und Weltwahrnehmung kann ein Charakteristikum dieser vorübergehenden Phase sein, situativ an spezifische Orte und Anlässe gebunden sein (»Schüleratheismus«) oder aber auch zu einer überdauernden Grundüberzeugung werden. Hier sei nochmals an die pädagogisch bedeutsame sensible Behandlung kontingenter Erfahrungen verwiesen (s. o.). Im positiven Fall ist das Individuum jedoch bemüht, die eigene, freie Entscheidung in der immanenten Sphäre mit der freien Entscheidung des Ultimaten in der transzendenten Sphäre in irgendeiner Weise zu koordinieren. Die Unabhängigkeit des Subjektes bleibt dabei allerdings durchgängig unberührt.

Erst auf der vierten Stufe wird die individuelle religiöse Autonomie wieder vermehrt im Kontext eines Heilsplans interpretiert. Das Individuum versteht sich nun explizit als zur Freiheit *bestimmt.* Gerade in der Akzeptanz eines Ultimaten liegt damit der Schlüssel zur Freiheit und der Anlass, sich als Teil eines Ganzen zu verstehen. Gott wird nicht als alles heteronom determinierende Kraft verstanden, sondern als »norma normans« in das menschliche Miteinander hineinverlegt (Oser/Gmünder 1984, 101).

Auf der fünften Stufe nimmt das Subjekt schließlich Abschied von sämtlichen Determinationen. Der Mensch empfindet sich nun als umfassend autonom und gestaltet vor dem Hintergrund dieser Grundüberzeugung seine Beziehung zu seinen Mitmenschen. Gott bzw. der Ultimat ist dabei eine zu antizipierende Größe für die (Selbst-) und Weltreflexion. Die letzte Stufe sechs ist eine hypothetisch anzunehmende, für die kaum empirische Belege existieren. Sie unterscheidet sich von Stufe fünf nur insofern, als die Grundüberzeugungen dieser Stufe nun ausgeweitet und universal gedacht werden.

James Fowlers Theorie zur Entwicklung von Glauben (»faith«) wird meist unter dem Label strukturgenetischer Entwicklungstheorien subsumiert. Die ist eine weitgehend zutreffende Kategorisierung, allerdings sind bei Fowlers Theorie auch deutliche Einflüsse von Eriksons Ich-Psychologie zu finden. Weiter ist seine Theorie deutlich von theologischen Ideen und Idealen geprägt und unterscheidet sich damit stark von den eher psychologisch orientierten Theorien Piagets, Kohlbergs oder auch Osers und Gmünders. Während die Stufenfolge der Letzteren auf das Ziel religiöser Autonomie zuläuft, hat Fowler die »antizipatorische Antwort auf das hereinbrechende Reich der Liebe« (Fowler 1984, 312) und damit ein stark (reformations-)theologisches Ziel zum Kristallisationspunkt seines Konzepts gemacht.

Auch Fowler rechnet zunächst mit einer vorreligiösen Phase, in der der Säugling Vertrauen (bei Erikson »Urvertrauen«) als die notwendige Grundlage für jede Form von Glauben entwickelt. Unter anderem entwickelt sich auf dieser Vorstufe überhaupt erst die Fähigkeit, sich selbst als eigenständige Entität wahrzunehmen (Objektwahrnehmung) als Voraussetzung dafür, Gott als Gegenüber und potenziellen Beziehungspartner zu verstehen. Im Alter von etwa drei Jahren ist das Kind schließlich zu »intuitiv-projektivem Glauben« (Stufe 1) fähig, es fällt ihm jedoch noch schwer, zwischen Phantasie und Wirklichkeit zu differenzieren. Selbst- und Weltwahrnehmung sind noch stark standort- und an die eigene Perspektive gebunden. Daher sind auch die Glaubensmanifestationen des Kindes noch egozentrisch und wenig kommunikabel. Andere Glaubensvorstellungen als die eigenen kommen quasi noch nicht in den Blick und spielen keine konstitutive Rolle.

Mit dem Eintritt in die Primarstufe (ca. 7. bis 12. Lebensjahr) erreicht das Kind die zweite Stufe, die des »mythisch wörtlichen Glaubens«. Narrationen, auch biblische Erzählungen werden nun zu relevanten Informationsquellen. Allerdings werden sie zunächst wörtlich verstanden. Fowlers Material suggeriert hier eine gewisse Eindimensionalität des religiösen Denkens, die mit den Einsichten der aktuellen Forschung oder dem Konzept der Kindertheologie nur noch bedingt vereinbar ist. Allerdings dokumentiert Fowlers Interviewmaterial auch, dass sich das Kind über (biblische) Geschichten in eine ihm fremde Welt einfühlt und dadurch relevante Bildungsimpulse erhält, denn eben diese Erfahrung fördert die Entwicklung von Glauben, regt zum Perspektivenwechsel an und hilft, die eigene egozentrische Perspektive zu weiten und u. a. zumindest hypothetisch den eigenen Glauben denkend in Frage zu stellen. Weiter wird das kausale und räumliche Denken angeregt und die Fähigkeit zu abstrakten Vorstellungen, wie der von Zeit, gefördert. Damit ist dann auch eine historisch-gesellschaftliche Perspektive des Glaubens angebahnt, auch wenn diese vorerst noch durch einzelne Individuen repräsentiert wird. Typisch sind in dieser Phase anthropomorphe Gottesbilder, während die märchenhaften Züge früherer Phasen in den Hintergrund treten.

Im frühen Jugendalter (auf Stufe 3) dominiert der sogenannte ›synthetisch-konventionelle Glaube‹, der sich auch bei nicht wenigen Erwachsenen findet. Die individuelle Lebenswirklichkeit ist nun nicht mehr exklusiv konstitutiv für Glaubensvorstellungen, denn es treten zunehmend andere Gemeinschaften auf den Plan, die zu neuen und vielfältigen Selbstinterpretationen herausfordern. Es gilt daher, die verschieden affirmierten Selbstbilder zu einem mehr oder minder schlüssigen Gesamtbild, zu einer ›Identität‹ zusammenzufügen, zu ›synthetisieren‹. Die neu erworbene Fähigkeit des hypothetischen Denkens (Piaget, formal-operationale Phase) erlaubt es, im Fortschreiten auf die nachfolgende Stufe, auch hier schon ansatzweise Symbolgehalte, Tiefenschichten und Doppeldeutigkeiten zu erschließen. Eine umfassende Fähigkeit zur Reflexion (etwa von Symbolen und Symbolhandlungen) steht auf dieser Stufe allerdings noch aus. Zu fragil ist das neue, synthetisierte Selbstverständnis noch, das Selbstdistanzierung oder kritische Selbstrelativierung noch nicht aushält.

Gewinnt das Individuum allerdings ausreichend Sicherheit, ist es schließlich in der Lage zu »individuell-reflektierendem Glauben« (Stufe 4). Nun werden aus innerer Motivation heraus alte Gewissheiten und naive Glaubensorientierungen einer kritisch-rationalen Prüfung unterzogen: Symbole können benannt, de- und rekonstruiert werden, biblische Narrationen und Glaubensaussagen werden entmythologisiert, ohne dass es dafür einer Anleitung durch Autoritäten bedarf, denn die Instanz der Wahrnehmung, Prüfung und Akzeptanz von Glaubensaussagen wird nun unabhängig und internalisiert. Dies ist übrigens nicht gleichzusetzen mit einer Abkehr von Religion zugunsten einer radikal individualisierten Religiosität. Vielmehr erachtet Fowler die selbstkritische Prüfung für unabdingbar und die Freiheit und Selbstständigkeit von Glauben für wertvolle Gütesiegel eines reifen Glaubens, der die Gemeinschaft von homogen Glaubenden zwar wertschätzt, ohne jedoch auf sie angewiesen zu sein. Nicht zuletzt erwächst aus solcher Unabhängigkeit nämlich die Fähigkeit zu Verantwortung für die soziale und natürliche Umwelt vor dem Hintergrund von Glaubensüberzeugungen.

Die im mittleren Erwachsenenalter (zwischen 30 und 40) von einigen erreichte fünfte Stufe bezeichnet Fowler als verbindenden oder konjunktiven Glauben. Vordergründig könnte man sie als eine neue, höhere Naivität interpretieren, was jedoch nicht zutreffend ist. So ist das Individuum zu einem tiefen Verständnis von Mythen, Symbolen und metaphorischer Sprache fähig, welches sich in konstruktiver Weise mit einer rationalen Weltsicht und einem vorrangig gedachten Glauben verbinden kann – anders als auf Stufe 3, wo dies noch nicht möglich war. Widersprüche treten nun in produktiver Spannung auf, das Individuum wird diskurs- und pluralitätsfähig und kann sich nun auch selbstkritisch reflektieren.

Ähnlich wie bei den anderen strukturgenetischen Entwicklungstheorien ist auch bei Fowler die letzte, sechste Stufe eine eher hypothetisch vorzustellen. Hier (ab der mittleren Lebensphase) zeichnet sich das Individuum idealiter durch die völlige Abwesenheit egozentrischer Orientierungen aus; an ihre Stelle treten genuin christliche und universale Werte wie totale Selbstlosigkeit und Selbsttranszendierung, die als Antwort auf Gottes umfassende Hinwendung gesehen werden.

Damit wird einmal mehr deutlich, dass Fowler eine primär theologisch-dogmatisch orientierte Religionspsychologie vertritt, während Oser und Gmünder stärker innerpsychologisch ausgerichtet sind und als allgemeines Entwicklungsziel die Autonomie des Menschen im Angesicht der Aufgabe von Kontingenzbewältigung annehmen und als spezifisch religionspsychologisches Ziel religiöse Autonomie. Mit einer gewissen Berechtigung kritisiert daher etwa Döbert (Döbert 1988), dass der auf Stufe drei bei Oser und Gmünder anzutreffende Deismus vordergründig eigentlich keine Impulse für eine Weiterentwicklung bereithält, denn bei einer vorrangig kognitiven Bestimmung von Religiosität erscheinen Schlüsselkriterien nachfolgender Stufen, etwa altruistische Emotionen wie Dankbarkeit, Demut oder Vertrauen, die für die späten Stufen konstitutiv sind, zunächst wenig plausibel.

Gleichzeitig wird deutlich, dass mit einer rein strukturellen Betrachtung von Religiosität konstitutive Elemente derselben ausgeschlossen sind, etwa Gefühle, unbewusste Anteile (s. u.) ebenso wie imaginative, intuitive oder symbolische Facetten von Religiosität.

Dasselbe gilt für soziale und historische Aspekte von Religion und Religiosität. Auf dieses Defizit verweist unter anderem die Beobachtung im Vergleich der Theorien von Fowler und Oser/Gmünder von Streib und Gennerich (Streib/Gennerich 2011). Strukturell sind die Stufen 3 von Oser/Gmünder (Deismus) und Stufe 4 von Fowler (individuierend-reflektierend) in etwa vergleichbar. Dementsprechend wäre auch eine Vergleichbarkeit bei den dort vertretenen Altersstufen zu erwarten. Tatsächlich tut sich hier aber eine Diskrepanz auf, die Streib/Gennerich mit den verschiedenen sozialkulturellen Kontexten (angloamerikanisch vs. europäisch) begründen. Insgesamt wird hier auch deutlich, dass die strukturgenetischen Theorien aus heutiger Sicht mitunter zu global in ihrem Anspruch und nicht hinreichend trennscharf in Bezug auf ihre Stufenzuordnungen sind. Auch ihr Anspruch auf eine nicht wertende neutrale Sichtweise ist in diesem Kontext kritisch zu hinterfragen. So stößt Gilligan (1983) etwa auf geschlechtsbedingte Unterschiede: Frauen urteilen moralisch in anderen Kategorien als Männer dies tun. Zudem wird auch deutlich, dass implizit die Werte- und Moralvorstellungen westlich-demokratischer Gesellschaften zum Maßstab erhoben sind.

2.2.2 Religion als Domäne

Wer mit Kindern zu tun hat, kann beobachten, dass diese von Beginn an altersentsprechend Hypothesen und ›naive‹ Theorien entwickeln. Diese stellen dann die Grundlage für eine Auseinandersetzung mit Phänomenen aus ihrem Umfeld und für entsprechende Verhaltens- und Handlungsoptionen dar. ›Naiv‹ bezeichnet hier eine unausweichliche und natürliche Strategie: Kinder verfügen noch nicht über ein breites Repertoire an routinierten Denk- bzw. Handlungsabläufen, Wissen oder Erfahrung. Es bleibt ihnen daher gar nichts anderes übrig, als im Angesicht diverser Eindrücke auf ihr vorhandenes Wissen, Intuition und eigene, darauf aufbauende Schlüsse zu rekurrieren. Zudem erweist sich eine Vielzahl sogenannter naiver Theorien (auch Erwachsener!) im Alltag als sehr tragfähig, zum Beispiel: Kinder gehen oft davon aus, dass Flugzeuge fliegen können, weil sie Flügel haben. Die in Argumentation ist physikalisch (weitgehend) falsch, führt aber dennoch dazu, dass Kinder *ein* wichtiges Kriterium des gegebenen Sachverhalts identifiziert haben. Ihre Fähigkeit, ein Flugzeug als flugfähiges Objekt wahrzunehmen oder aber das Vertrauen aufzubringen, das für einen Passagier beim Flug grundlegende Voraussetzung ist, macht ihre naive Theorie zudem zu einer, die ein durchaus beachtliches Maß an Handlungskompetenz im Umgang mit dem Beobachteten bedingt.

Domänenspezifische bzw. *gegenstandsbezogene* Theorien der Entwicklungspsychologie gehen nun von einem Nebeneinander verschiedener Zugänge aus, namentlich einer ›naiven Psychologie, Biologie und Physik‹. Seit einigen Jahren tritt zunehmend die Idee einer ›naiven Religion‹ als grundlegender Gegenstandsbereich auf den Plan. Wie in anderen Domänen basieren auch die naiven Theorien von Religion auf Erfahrungen und Beobachtungen, die in altersgemäße Hypothesen münden, etwa Erfahrungen mit den primären Bezugspersonen, die als Prototypen der Gottesidee gelten (s. u.). Des Weiteren wird angenommen, dass das ›Oben-Unten-Schema‹ das kindliche Weltbild. Und zuletzt werden Kontingenzerfahrungen als Impulsgeber für eine naive Theorie von Religion angenommen. Religion repräsentiert dabei das ›Unmögliche‹ (bzw. ›das Magische‹) (Rosengren u. a. 2001), das die physische Realität in irgendeiner Form durchdringt wie bedingt.

2.2.3 Tiefenpsychologische Theorien

Im Hintergrund der diversen tiefenpsychologischen Modelle zur Genese von Ich-Identität steht die Frage, inwiefern und ggf. wodurch das Individuum determiniert ist. Aus religionspädagogischer Perspektive ist hier von Interesse, wie sich eine solche Determinierung zur christlichen Anthropologie verhält und was sich daraus für eine Bildung zur Subjektivität ergibt. Des Weiteren sind derartige Prädispositionen von Belang, wenn es um den bildungstheologisch begründeten Anspruch einer konstruktiven Entfremdung geht – konkret etwa um die Frage, welche Bedeutung die Beziehung zu einem Ultimaten und die damit verbundene Selbsttranszendierung für tiefenpsychologisch angenommene Prädispositionen hat, und welche Funktion ihr im Prozess der Ich-Werdung möglicherweise zukommt. So ist etwa für Sigmund Freuds Tiefenpsychologie festzuhalten, dass es ihm »nicht um die Frage nach Gott [geht], sondern um die nach dem Gott der Menschen und nach seiner ökonomischen Funktion« (Ricœur 1974, 47) in der Psychohygiene von Individuen. Freuds Fragestellung ist insofern als psychodynamisch und nicht als onto-theologisch zu charakterisieren. Daran anschließend ist seine Religionstheorie im Grunde als Versuch zu werten, etwas,

was er selbst für unerklärbar hielt, eben nicht kausal zu erklären, sondern in einem empathischen Sinn zu ›verstehen‹. (Zur Religionspsychologie liegt in der Kompendienreihe ein eigener Band vor: Marks 2018.)

2.2.3.1 Sigmund Freud

Freuds Theorie basiert auf seiner Instanzenlehre, die auf zwei Strukturtypen von Instanzen rekurriert, dynamische Instanzen (Es, Ich, Über-Ich) und statische (Bewusstes, Unbewusstes, Vorbewusstes). Im Fortgang der Entwicklungsgeschichte des Menschen ändert sich die Verteilung der Triade von Es-Ich-Über-Ich, wobei zwei gegenläufig wirkende Prinzipien als ursächlich dafür angenommen sind, nämlich das Lustprinzip und das Realitätsprinzip. Das Realitätsprinzip wird anfänglich von den Eltern verkörpert, später übernimmt die Umwelt des Individuums die Funktion von Über-Ich-Anforderungen, die schließlich sukzessive in das Ich integriert werden. Das Über-Ich von außerhalb wird so eine Instanz im Ich selbst als Gewissen der jeweiligen Person. Das Lustprinzip hingegen stammt aus der Person selbst, es wurzelt in den allerersten Triebwünschen des Säuglings und bezieht sich auf den Wunsch nach Befriedigung von Bedürfnissen, bei Freud als ›Libido‹ bezeichnet.

Was nun die Rolle der Religion im Prozess der Selbstwerdung im Spannungsfeld widerstrebender Instanzen angeht, schreibt der Religionskritiker Freud dieser durchaus eine psychohygienisch wertvolle Funktion im Sinne einer Kulturwende des natürlichen Menschen zu. Religion ist bei ihm nämlich als Schnittstelle zwischen Natur und Kultur verstanden, die menschliche Entwicklung wird – psychodynamisch gesehen – durch einen Kampf des Lustprinzips mit dem Realitätsprinzip gesteuert. Menschliche Reifung und Selbstwerdung vollzieht sich dadurch, dass das Realitätsprinzip zunehmend die Oberhand über das Lustprinzip gewinnt. Im Reich der Religion erscheint dem Menschen die Welt allerdings nicht so, wie sie ist, sondern so, wie er sie sich wünscht.

Damit bringt Freud Ähnliches zum Ausdruck wie einst Feuerbach: Die Religion ist eine Projektion des Menschen, allerdings nicht seines Wesens, sondern seiner Wünsche. Die religiöse Illusion erscheint Freud unter den psychodynamischen Aspekten der Psychohygiene durchaus sinnvoll. Religion ist ursprünglich eine Befriedigung realer Wünsche, und insofern ist für Freud die Religion zunächst in einem historischen Sinne auch wahr. Die eigentliche Konsequenz aus Freuds Religionstheorie ist demnach nicht die Abschaffung der Religion, sondern die Überwindung einer kindlichen (autoritären) Religiosität, die auf Imitation beruht, ähnlich wie wir dies bei strukturalistischen Entwicklungstheorien sahen.

Im Verdrängten werden nach Freud nicht zwangsläufig negative Impulse reaktiviert, sondern es können in ihm durchaus auch konstruktive Impulse wiederentdeckt werden, die in spezifischen Lebensphasen und unter speziellen sozio-kulturellen und sozio-ökonomischen Bedingungen ausgestaltet wurden. In diesem Sinne lässt sich Religion als positive Ressource konstruieren, sobald die Psychoanalyse den engen psychologischen Referenzrahmen sprengt und sich – wie bei E. Fromm, aber auch bei H. Marcuse oder Th. W. Adorno – zur Sozialpsychologie erweitert und ggf. im Rahmen einer bildungstheologischen Fundierung von Bildung gedeutet wird.

2.2.3.2 Carl Gustav Jung

Die Kategorisierung von Religion als (kritisch-konstruktive) Utopie ist auch mit C.G. Jungs Theorie in gewisser Hinsicht vereinbar, wenn auch in spezifischer Deutung. Für Jung ist Religion zunächst primär eine innerliche Erscheinung, eine Form von Spiritualität und nichts Äußerliches, ganz im Gegensatz zu Kirche und Dogmatik. Für die Ausbildung einer inneren Religion spielen bei Jung Archetypen als allgemeinmenschliche Gegebenheiten eine besondere Rolle. Archetypen bilden nämlich eine in der Tiefe der Psyche angelegte Grundlage, die dann individuell und geschichtlich unterschiedlich ausgestaltet werden kann, wobei die Grundstruktur, der eigentliche Symbolgehalt, erhalten bleibt. Mythisch-symbolische Archetypen sind dabei der spezifische Bodensatz für das Religiöse. Nach Jung ist der Mensch von Natur aus religiös veranlagt, weil er ein Gottesbild als kollektiven Archetypus in sich trägt. Entsprechend dem Grundcharakter des Unbewussten, eben nicht bewusst und damit nicht benennbar zu sein, bezeichnet Jung den religiösen Archetypen als das ›Numinose‹. Dieses Numinose ist eine Wirklichkeit jenseits des Willens des Einzelmenschen, was das Bewusstsein zwar negieren kann, aber die verborgene religiöse Energie aus dem archetypischen Erbe wirkt gleichwohl unbewusst weiter.

2.2.3.3 Erik H. Erikson

Unter den nachfreudianischen Tiefenpsychologen ist vor allem Erik H. Erikson aus religionspädagogischer Sicht bedeutsam. Erikson hat nicht nur

Entwicklung als einen lebenslangen Prozess interpretiert und damit die ursprüngliche Begrenzung auf die frühe Kindheit überwunden, sondern auch die Dynamik der (Weiter-)Entwicklung in den Blick genommen. Nach Erikson ist das Ich kein Produkt der vorpubertären Entwicklung, sondern das Ich ist im ›status nascendi‹ bereits vorhanden und steuert den weiteren Gang der Persönlichkeitsgenese. Anlässe zum Fortschreiten der Entwicklung sind – nach Erikson – grundlegende Krisen (verstanden als Wendepunkte), die jeweils durch ideell entgegengesetzte, nach Ausgleich strebende Begriffspaare gekennzeichnet sind.

Der Antagonismus und damit die Forderung nach einer Vermittlung von *Urvertrauen* gegen *Urmisstrauen* bestimmt die erste (orale) Epoche menschlichen Lebens, die allerdings auf der Grundlage eines dominanten Vertrauens auch fähig zu gesundem Misstrauen ist. In der Erfahrung einer vertrauensvollen Bezugsperson wird auch die Möglichkeit einer vertrauensvollen Gottesbeziehung angelegt. Psychoanalytisch gesehen ist das Gottesbild von Kindern somit eine Spiegelung ihrer negativen wie positiven Elternerfahrungen.

In der zweiten Phase besteht der Konflikt darin, dass *Autonomie* über *Scham und Zweifel* siegt, indem das erworbene Vertrauen ausgebaut und zu Selbstvertrauen erweitert wird, so dass elementarer Wille daraus resultiert. Starrer Dogmatismus und Gehorsamsreligiosität, verbunden mit Selbstzweifeln, können die Konsequenzen von Fehlentwicklungen auf dieser Stufe sein, wenn Autonomie durch Scham und Zweifel erdrückt wird.

Im Vorschul- bzw. expliziten Spielalter wendet sich das erworbene Selbstvertrauen in Aktivitäten nach außen. Da dies nicht ohne Übertretungen von Grenzen geht, können hier *Schuldgefühle* entstehen, die die kindliche *Initiative* lähmen. Gelingt die Konfliktlösung, so wächst Entschlusskraft. In religionsdidaktischer Hinsicht liegt eine wesentliche Bedeutung dieser Phase in der Gewissensbildung.

Den Grundkonflikt der beginnenden Schulzeit (Latenzperiode) bezeichnet Erikson entweder als »*Werksinn* gegen *Minderwertigkeitsgefühl*« oder als »*Fleiß* gegen *Inferiorität*«. Bedeutsam ist die Erweiterung des Aktivitätsraumes; dementsprechend können Kinder hier erstmals ihre Kompetenz entwickeln. Die Erweiterung des Lebensraumes schließt Schule und neue Gruppenbeziehungen ein, und geschlossene Freundschaften werden dauerhafter. Es entwickelt sich – lerntheoretisch gesehen – intrinsische, d. h. vom Kind selbst herkommende Leistungsmotivation.

Die entscheidende Frage, ob das Individuum sich als eigenständige Subjektivität konstituieren kann, muss während der Adoleszenz beantwortet werden. Alle bisherigen psychischen Prädispositionen werden neu vermessen, Vorentscheidungen gefällt; zugleich findet die entscheidende Reorganisation des Ich-Kerns statt. In der krisenhaften Erschütterung der Pubertät entscheidet sich, ob das Kind seine eigene *Identität* gewinnt gegen den Modus der *Identitätsdiffusion*. Identitätsbewusstsein erwächst aus der Erfahrung, sich in der eigenen Biographie und in der Wahrnehmung anderer als identisch, d. h. »treu« zu erweisen. Innere und äußere Unsicherheiten lösen Ängste aus, die aber schlecht artikuliert werden können. Erikson selbst weist übrigens auf die besondere Bedeutung dieser Phase für die religiöse Entwicklung hin, weil sich hier die Fähigkeit »zu reifem Glauben« (Erikson 1988) entscheidet. Das bisherige Gottesbild und die religiöse Disposition werden überprüft und gegebenenfalls neu gestaltet. Dementsprechend findet sich bei Pubertierenden neben der Möglichkeit des »Schüleratheismus« auch eine besondere Affinität zum Glauben, weil dieser in der Unsicherheit neues Vertrauen stiften kann.

Im frühen Erwachsenenalter gilt es, die widerstrebenden Tendenzen von *Intimität* versus *Isolierung* in ein ausgewogenes Verhältnis zu bringen, im eigentlichen Erwachsenenalter sind *Generativität* versus *Selbstabsorption* auszubalancieren. Im reifen Lebensalter stellt sich schließlich die Aufgabe, zu einer versöhnlichen Lebensbilanz zu gelangen, indem *Integrität* nicht von *Lebensekel* und einer abschließenden Negativwertung des Lebens überlagert wird.

Augenscheinlich stellt die Weiterentwicklung der tiefenpsychologischen Modelle von Freud und Jung durch Erikson einen Brückenschlag zur Stufentheorie nach Fowler dar. Die abschließende Frage ist nun, wie die Kenntnisse über divers begründete Einflussfaktoren von Bildungsprozessen in religionspädagogischer Perspektive zu bewerten sind (vgl. Konvergenzmodell, Kapitel 3.1.2).

2.3 Vom Subjekt zur Subjektivität in der Balance von Erziehung und Bildung, formaler und materialer Bildung

Im Grunde sind drei unterschiedliche Paradigmen denkbar, um die eben skizzierten Befunde zu den anthropogenen Einflussfaktoren einer theologisch fundierten Bildung konstruktiv aufzunehmen: erstens, in vergleichsweise enger und primär didaktischer Perspektive als für den Bildungsprozess zu bedenkende Bedingungen. In diesem Sinne können sie als Verstehensweisen interpretiert werden, die die Sache durch andere Perspektiven bereichern, oder aber als Hemmnis – etwa, weil manche Aspekte eines Themas in Ermangelung entsprechender Voraussetzungen nicht so verstanden werden können, wie sie an sich sind, sondern stets unter den Verstehensbedingungen des lernenden Subjekts rezipiert werden. Eine solche Wertung als ›Hemmnis‹ ist mit Blick auf die bildungstheologische Argumentation von oben allerdings auszuschließen. Zweitens sind die Befunde ein Hinweis darauf, dass ganzheitlich verstandene Bildung auch religiöse Bildung beinhalten muss, weil Religion und Religiosität augenscheinlich ein Kernelement der menschlichen Natur und Entwicklung darstellen. Das untermauert weiterhin eine theologische Grundlegung von Bildung. Daran anschließend kann man drittens die anthropogenen Faktoren im Kontext christlicher Anthropologie auch als genuinen Ausdruck von Menschsein interpretieren, das den Lerngegenstand mit konstituiert und so zum archimedischen Punkt von Bildung in all ihren Aspekten wird. Von einer solchen Sicht sind dann auch weitere Grundkategorien von Bildung betroffen. Wurde etwa eingangs der Bildungsbegriff als zentrale Leitkategorie für die Religionspädagogik identifiziert, während der Erziehungsbegriff vordergründig abgelehnt, zumindest aber untergeordnet wurde, ist dieses Verhältnis im Kontext anthropogener Einflussfaktoren differenzierter zu bestimmen. Denn es ist deutlich geworden, dass auch Bildung im Sinne von Subjektivität fördernder Selbstbildung nicht ohne Momente von Erziehung auskommt.

2.3.1 Bildung und Erziehung in dialektischer Balance

Umgangssprachlich werden Bildung und Erziehung oft in eins gesetzt; so sprechen wir vom Bildungswesen ebenso wie vom Erziehungssystem. Dabei meinen Erziehung und Bildung – programmatisch gefasst – durchaus Gegensätzliches. Bildung und Erziehung beschreiben die Struktur einer Vermittlung zwischen einem Subjekt und einem Objekt. Im Prozess von Bildung bzw. Erziehung stehen Subjekt und Objekt, Mensch und Umwelt, Person und Kultur usw. einander gegenüber. Erziehung und Bildung unterscheiden sich darin, was in Bildungs- und Erziehungsprozessen Vorrang erhält: das Subjekt oder Objektivationen (also Normativität beanspruchende Vorgaben aus dem Umfeld des Subjekts), der Mensch oder seine soziale Umwelt, die Person oder die Kultur, in der er leben soll. Der Erziehungsprozess nimmt seinen Ausgang stets bei der Objektivität. Durch Erziehung soll der Mensch integriert werden; dazu muss aber dieser Mensch angepasst, umgestaltet, d. h. erzogen werden. Aktiv und dominant sind – je nach Position – Lehrende und Erziehende, die Gesellschaft, die herrschenden Werte und Normen, die überlieferte Kultur und ihre

Güter, die ältere Generation, der Staat, die Kirche, eine christliche oder weltanschauliche Lehre usw. Bildung nimmt demgegenüber ihren Ausgang ganz wesentlich beim Subjekt. Bildung zielt ab auf eine eigenständige Auseinandersetzung des Subjekts mit den objektiven Vorgaben seiner Umwelt, wie etwa Kultur und Traditionen, und zwar derart, dass letztgenannte Größen durch das Subjekt selbst auf eine gute Art durchdrungen werden, so dass sie sich als dienlich zur Bewältigung der eigenen Lebensgeschichte erweisen.

Allerdings gibt es weder Bildung noch Erziehung in rigide abgrenzender Reinform, und so ist auch von ›Bildung als Erziehung‹ sowie von ›Erziehung als Bildung‹ zu sprechen. Letztere ist gegeben, wenn im Begegnungsprozess ein produktiver Eigenanteil des Subjekts antizipiert ist – bspw. indem das Subjekt mit all seinen Voraussetzungen (s. o.) als konstitutiv für seine Bildungsprozesse gedacht wird. Ebenso muss Bildung objektive Größen integrieren, haben diese doch durchaus Relevanz für den Aufbau von Subjektivität. Wer meint, nur ein Subjekt, so wie es ist, ›wachsen‹ lassen zu können, der vertritt keine *Bildungs*theorie, sondern eine naturalistische *Reifungs*theorie.

Hinzu kommt, dass die Umwelt, die Kultur und die Objektivationen durchaus auch Eigenansprüche haben und Herausforderungen an das Individuum stellen. Sie ermöglichen es damit dem Menschen, seine Selbstbezogenheit zu überwinden und Sozialität zu entfalten. Diese von außen kommenden Forderungen sind notwendig, damit das Subjekt tatsächlich auch zum Subjekt der eigenen Bildung werden kann.

2.3.2 Bildung komplementär gedacht – materiale und formale Bildung

Wie gesehen geht es im Bildungsprozess aus Sicht des Subjekts um das Erlernen bzw. Entdecken grundlegender Erkenntniskategorien, die das Subjekt zu einem selbstständigen und Selbst-bildenden Umgang mit seiner Umwelt befähigen.

›Materiale Bildung‹ nimmt an, dass Bildung in der Aufnahme von Inhalten ihr Wesen hat. Bildung ist demgemäß der Vorgang, in dem diese Güter ihren prägenden Einfluss auf das zu bildende Individuum ausüben. Bildung bedeutet also Übernahme relevanter Wissensgüter, sittlicher Werte, religiöser Verhaltensweisen usw. In diesem Bildungsprozess verändert sich zwar das zu bildende Subjekt, die objektiven Bildungsgüter aber bleiben unverändert und haben keine *formal* bildende Funktion, denn sie setzen im Subjekt keine Kräfte zur Selbstinterpretation und zum verantwortlichen Handeln frei.

Gegen die materiale Bildung in diesem Sinne führt Wolfgang Klafki drei Kritikpunkte an. Zunächst wird den scheinbar objektiven Inhalten der Charakter einer übergeschichtlichen Werthaftigkeit und Gültigkeit verliehen; sie gelten als absolute Größen. Demgegenüber wären Inhalte hermeneutisch aus ihrer historischen Genese heraus zu interpretieren und zu relativieren. Zweitens verleugnet die Gleichsetzung von Wissen und Bildung, dass jeder Wissensinhalt ja letztlich eine Antwort auf spezifische Fragen darstellt und nur im Zusammenhang dieser Fragen richtig eingeordnet werden kann; auch hier wäre eine hermeneutische Entschlüsselung. Zuletzt: Eine solche Bildung bietet keinerlei Kriterien für die Auswahl von Unterrichtsinhalten, und prinzipiell alles könnte für bildungsrelevant erklärt werden. Demgegenüber wären pädagogische Kriterien für die Auswahl von Bildungsinhalten zu fordern.

Dieser materialen und objektbezogenen Bestimmung von Bildung sind daher Theorien formaler Bildung gegenüber zu stellen, die ihren Ausgang beim Subjekt nehmen. Stoffen kommt hier tendenziell eine untergeordnete Funktion zu, sie dienen lediglich der Kräfteschulung, der ›Kompetenzentwicklung‹ des Individuums im Sinne eines pädagogischen Subjektivismus. Die Praxis zeigt allerdings, dass bestimmte Inhalte häufig eben doch in den ihnen angemessenen Formen zu vermitteln sind.

Demgemäß geht Klafki von einer dialektischen Beziehung von Form und Inhalt aus, die mit seinem Verständnis von kategorialer Bildung den Dualismus von formaler und materialer Bildung überwindet. In seiner Kritik zeigt Klafki daher, dass keiner der großen didaktischen Ansätze der letzten 150 Jahre hinreichend ist. Weder die materialen Theorien noch die formalen genügen dem Anspruch, »den Wesenskern des Bildungsphänomens und des Bildungsvorgangs theoretisch in den Griff zu bekommen.« (Klafki 1965, 38). Im Zuge seiner Theorie der kategorialen Bildung erhalten sie daher einen neuen Stellenwert, indem Form und Inhalt eines didaktisch zu behandelnden Problems unlösbar zusammengehören. Inhalt wie Form haben gleichermaßen konstitutive Bedeutung für den Bildungsprozess als Elemente materialer und formaler Bildung.

Gegenwärtig ist zumindest für die Bildungspolitik eine Verschiebung zugunsten formaler Bildungstheorien zu beobachten. So stehen mit der Kompetenzorientierung in den Bildungsplänen sowie dem Anspruch, Bildung zu vernetzen und zu vergleichen, formale Fähigkeiten im Fokus. Daher ist im Sinne einer christlich anthropologisch fundierten Bildung sehr genau nach der Rolle und den Möglichkeiten des Individuums in den skizzierten Spannungsfeldern zu fragen.

2.4 Proprium religiöser Bildung

Religiöse Bildung zeichnet sich durch ein grundlegendes Spannungsverhältnis aus: Zum einen aufgrund der Vorannahmen zum Bildungspotenzial bei gleichzeitiger Bildungsbedürftigkeit des Individuums selbst; zum anderen resultiert diese Spannung aus der Erkenntnis, dass der Mensch in seiner Entwicklung von diversen Faktoren beeinflusst ist, die ihrerseits wiederum in Zusammenhang mit religiösen Fragen stehen. Dieser Feststellung korrespondieren, wie gesehen, in Struktur und Inhalt die dialektische Konstitution von Bildung, die auch Momente von Erziehung enthält, subjektorientierte Bildung mit hermeneutisch-normativen Ansprüchen sowie die Balance oder Dialektik von materialer wie formaler Bildung (kategoriale Bildung).

Angesichts dieses konstitutiven Spannungsverhältnisses stellt sich die Frage, wie der Beitrag einer genuin *religiösen* Bildung aussehen könnte: Wie kann religiöse Bildung zur Subjektwerdung unter Wahrung des skizzierten dynamischen Gleichgewichts beitragen? Wie verhalten sich etwa objektive Gehalte von Religion zum Subjekt religiöser Bildung? Implizit geht es auch um die Frage, wie sich objektive Religion als ein institutionalisiertes System von Glaubenslehren und Traditionen zur subjektbezogenen Religiosität, also den individuellen religiösen Vorstellungen und Bedürfnissen verhält – wobei bei einer solchen Verhältnisbestimmung zu bedenken ist, dass auch die sogenannte »objektive« Dimension von Religion nach christlichem Verständnis ihrerseits als menschliche »Re-Konstruktionen von Gottes Selbstmitteilung« (Schröder 2012) zu verstehen ist. Dies eingedenk liegt eine spezifische Freiheit und Ermutigung im subjektorientierten, bildenden Umgang mit Religion.

Gleichwohl ist die Frage nach dem Verhältnis von subjektiver Religiosität und objektiver Religion für die Gegenwart besonders virulent, weil die genannten Dimensionen zunehmend divergieren (Kapitel 3.3.3 sowie 5.2). So beschreibt Grace Davie die situative Verfasstheit von Religion in der Gesellschaft als »believing without belonging« (Davie 1994) und verweist damit auf die permanente Legitimationskrise religiöser Bildung im Allgemeinen und des Religionsunterrichts im Besonderen (Kapitel 5.1), die in der Schlüsselfrage kulminiert: Was kann objektive Religion zur subjektorientierten religiösen Bildung, zur Genese einer religiös gebildeten Subjektivität beitragen, und wie verhält sich diese zum Anspruch einer umfassenden Allgemeinbildung?

Eine umfassend allgemeingebildete Subjektivität muss unter anderem über Orientierungsfähigkeit in einer christlich-religiös geprägten Lebenswelt verfügen; dies gilt auch und womöglich besonders angesichts zunehmender kultureller wie religiöser Pluralität bzw. Säkularisierung. Religiöse Bildung befähigt das Individuum, religiöse Phänomene zu identifizieren, Genese und Anspruch zu erfassen und zu erklären.

Mit Orientierungsvermögen ist jedoch nicht zwingend eine persönliche Positionierung verbunden; vielmehr handelt es sich um eine vorrangig kognitive Kompetenz, die über Wissensbestände einen spezifischen Kulturraum erschließt, ohne dass davon die eigene Persönlichkeit unmittelbar betroffen sein muss. Allerdings ist gerade mit religiöser Bildung meist der Anspruch einer ethischen und Wertebildung im Sinne geteilter Grundüberzeugungen verknüpft. Neben der bildenden Auseinandersetzung mit der ›objektiven‹ Dimension von Religion allein muss im Sinne einer umfassenden Bildung auch die subjektive Seite, nämlich Religiosität als Dimension des Menschseins überhaupt, angesprochen werden.

Wenn man Religion als Sinndeutungssystem versteht (Grözinger/Luther 1987, Korsch 2003, Gräb 2006), kann Religiosität als eklektische und interpretative Annahme und Gestaltung dieses Angebots gedeutet werden. Korsch versteht Religion in diesem Sinn als Deutungskompetenz der individuellen Existenz und damit als Differenzkompetenz: »Sie ermöglicht das Stiften eines Zusammenhangs über die Vielheit des Gegebenen« (Korsch 2003, 6). Dies erinnert mitunter an die funktionale Bestimmung von Religion als Mittel zur Kontingenzbewältigung (Luhmann 1977, Lübbe 1986). Dass dies nur »im Rekurs auf einen außerhalb des Menschen liegenden unverfügbaren Zusammenhang[s] erfolgen [kann]« (Könemann 2015, 6), ist als Reminiszenz an eine bildungstheologische Fundierung von Bildung sowie an die konstruktive Selbstentfremdung zu bewerten, wie sie oben als produktiver Teil der Selbstwerdung verstanden wurde. Dem korrespondiert zudem eine Sicht von Religiosität, die diese nicht als Anlage des Menschen interpretiert (Kapitel 4.2.1), sondern vielmehr als Option einer religiös reflektierten Selbst- und Weltwahrnehmung, »die anzunehmen und zu entwickeln in der freien Entscheidung des Menschen liegt.« (Könemann 2015, 6).

Angesichts der geforderten Freiheit und individuellen Positionierung drängt sich allerdings die Frage auf, was eine individuelle Gottesbeziehung, die Idee eines Ultimaten als Alleinstellungsmerkmal religiöser Bildung zur Bildung des Subjekts beiträgt? Mit Schröder (2012, 235f) ist festzustellen, dass Menschen stets auf Suche nach sich selbst sind. Dabei nehmen sie sich zunehmend fragmentarisch wahr, quasi als »hybride Selbstentwürfe« (Schröder 2012, 235). Sie fühlen sich oft fremdgesteuert und dominiert. Der Gedanke eines ultimaten Gegenübers wäre hier konstruktive Irritation, die die Suche nach sich selbst unterbricht, indem sie eine Außenperspektive eröffnet und einen ganz neuen Blick auf die eigene Identität ermöglicht.

Die individuelle Gottesbeziehung und die darin gegebene »Hoffnung auf ein Ganzwerden« bzw. »Anerkennung auch der fragmentarischen, fragilen, fragwürdigen Existenz« (Schröder 2012, 235) stellt zudem ein Gegengewicht zur Erfahrung eines brüchigen Lebensentwurfs dar. Ein weiterer Vorzug religiöser Bildung liegt darin, dass die im Prozess der Selbstwerdung offengelegten Abgründe des Menschseins aufgedeckt werden und im Rahmen einer im christlichen Glauben verankerten »Entschuldung« (Schröder 2012, 235) akzeptierbar sind. Dementsprechend kann als Ziel selbstreflexiver religiöser Bildung formuliert werden: Sie soll »Menschen befähigen, religiöse Facetten und religiös relevante Fragen ihrer Lebensführung und -deutung als solche zu identifizieren und ihnen selbsttätig nachzugehen. [Sie soll] ihnen Raum, Zeit und Impulse geben, ihre persönliche Haltung zu christlicher Religion (wie auch zu anderen Religionen) wahrzunehmen und zu kommunizieren, zu verstehen und kritisch zu klären, um sie in eine existentiell als tragfähig erachtete Form zu überführen.« (Schröder 2012, 239).

Eine Hermeneutik, die im Kern auf Verstehen und individuelle Positionierung im Kontext einer existentiellen Deutung angelegt ist, wird dabei zum didaktischen Prinzip. Dazu gehört, Religion als »ein überzeugendes Modell [zur] Sinngenerierung vorzustellen«, ebenso aber auch die Option der Ablehnung, wenn Religion sich nicht als konstitutiv für Subjektivität zu erweisen vermag. Bildung ist in christlich subjektorientierter Perspektive nämlich vor allem Reflexion und Antizipation auf Basis einer individuell ausgeformten »theologischen Vernunft« (Schröder 2012, 238). Binnentheologisch und protestantisch ist damit freilich auch mitgedacht, dass sich das gebildete Subjekt von solchen Formen von Religion und Religiosität freimacht, die seiner Subjektwerdung zuwiderlaufen.

3 Religionspädagogik als wissenschaftliche Disziplin

3.1 Religionspädagogik im Spannungsfeld von Theologie und Pädagogik

Die Aufklärung, in deren Folge Religion *ein* Gesellschaftsbereich unter weiteren wird, ist nicht zufällig auch die Geburtsstunde der Allgemeinen Pädagogik, aus der später die Schulpädagogik sowie die Fachdidaktik hervorgehen (Lämmermann 1991, 77f). Die Religionspädagogik als eigenständige Wissenschaftsdisziplin im theologischen Fächerkanon entsteht jedoch deutlich später, nämlich mit der Wende zum 20. Jahrhundert. Grund dafür dürfte unter anderem sein, dass Theologie *implizit* von Beginn an pädagogische Anliegen verfolgt, etwa im Kontext christlicher Anthropologie (Kapitel 1) bzw. bewusst und intentional bereits im frühchristlichen Taufunterricht. Nicht zufällig wird mitunter der klassische Begriff ›Katechetik‹ – etwa in theologischen Prüfungsordnungen – synonym zum Begriff ›Religionspädagogik‹ verwendet. Dies ist eigentlich widersinnig, wurde ›Religionspädagogik‹ doch ursprünglich als Gegen- bzw. Kampfbegriff gegenüber dem alten Verständnis von Katechetik eingeführt (Lämmermann 2005, 13). Denn mit dem Begriff ›Katechetik‹ verbanden sich Festlegungen, die durch die neue Bezeichnung programmatisch überwunden werden sollten, etwa indem die Firmierung als ›Religionspädagogik‹ den Bezug des Faches auf pädagogische Überlegungen betonte (Lämmermann 1991, 12f).

Damit war allerdings der Status des Faches unklar geworden: Ist die Religionspädagogik nun eine *theologische* oder eine *pädagogische* Disziplin, und gehört sie in den Fächerverbund der Theologie oder der Erziehungswissenschaft (Lämmermann 2005, 13)? Fragmente alter Streitfragen spielen bis heute eine Rolle, etwa in der Debatte um die Konzeptionierung von Religionsunterricht (Kapitel 4).

3.1.1 Genese der Religionspädagogik

Das Verhältnis von Theologie und Pädagogik reicht in Geschichte und Gegenwart von Konkurrenz bis hin zur Kooperation. Die Schwierigkeiten liegen in ihrer gemeinsamen Geschichte, die in gewisser Weise auch als Vorgeschichte der Pädagogik betrachtet werden kann (Lämmermann 1991, 77f). So ist *erstens* festzuhalten: Die Pädagogik ist aus der Theologie im weitesten Sinne hervorgegangen. Außerdem ist *zweitens* festzustellen, dass mit der Entwicklung der Pädagogik zu einer eigenständigen Wissenschaftsdisziplin eine gewisse Rivalität einhergeht. Denn beiden geht es u. a. um die Frage, was der Mensch sei – in der Pädagogik ist exemplarisch an Rousseau oder diverse weitere Reformpädagogen zu denken, die genuin anthropologische Fragen erörtern.

In der Folge geht es auch innerhalb der Pädagogik im Kontext widerstreitender Menschenbilder um Anliegen der Sozialisation bzw. Erziehung versus Bildung. Allen Gemeinsamkeiten von Theologie und Pädagogik zum Trotz stehen die anthropologischen Grundeinsichten und entsprechend die Argumentationslinien der beiden Disziplinen allerdings häufig im Widerspruch zueinander, und deshalb ist es nicht so einfach, Pädagogik und Theologie zusammenzubringen.

So ist Theologie immer per se auch Pädagogik, sofern das Thema des Menschen angesprochen ist. Theologie und Pädagogik können aber auch unterschiedliche und konkurrierende Ansichten vertreten. So gibt es durchaus theologische Richtungen und historische Phasen, die von einer tiefreichenden Ablehnung der Pädagogik zeugen – wenn etwa pädagogische Grundeinsichten dezidiert und auf Basis theologischer Argumentation abgelehnt werden, wie dies etwa für die Evangelische Unterweisung gesagt werden kann (Kapitel 4.2.2).

Umgekehrt geriet jedoch auch die Theologie im Spiegel der neu aufgekommenen Religionspädagogik unter Legitimationsdruck. Im Übergang vom 19. zum 20. Jahrhundert hatte sich zum einen das moderne Schulwesen etabliert und auf der anderen Seite die moderne Pädagogik. Die Schule hatte sich aus religiösen Begründungszusammenhängen (Kapitel 1) befreit und wurde zu einer gesellschaftlichen Institution. Damit war auch die traditionelle Rolle des Religionsunterrichts problematisch geworden, und es war strittig, ob und inwieweit er überhaupt Bestandteil einer allgemeinen säkularen Bildung in der öffentlichen Institution Schule sein sollte.

Zu Ende des 19. Jahrhunderts war der Religionsunterricht zwar in seinem Stundenmaß festgelegt, seine Stellung im schulischen Curriculum war jedoch weitgehend unklar.

Eine wissenschaftliche Theorie des Religionsunterrichtes hatte in der Folge eine doppelte Aufgabe: Zum einen musste sie versuchen, den Religionsunterricht im Gesamtbildungsplan der Schule als notwendig zu plausibilisieren. Zum anderen hatte sie den Religionsunterricht methodisch und didaktisch auf wissenschaftliche Grundlagen zu stellen und die Theoriebildung an die allgemeine pädagogische Debatte anzuschließen. Die erste Aufgabe konnte nicht mehr gelöst werden, wenn man Religionsunterricht exklusiv in seiner kirchlichen Ausdrucksform fasste. Daher bedurfte es einer neuen Verhältnisbestimmung und einer Disziplin, die die Rolle der Kirche und Theologie in Bildungsfragen im öffentlichen Raum zu definieren vermochte.

3.1.2 Religionspädagogik im theologischen Fächerkanon

Theologie ist in den Anfangszeiten der Religionspädagogik *die* dominante Bezugsdisziplin. Allerdings erweist es sich dabei von Beginn an als entscheidend, dass die Überlegungen zu Bildung inhaltlich wie formal den gegebenen Herausforderungen (Kapitel 2.3.1 und 2.3.2) entsprechen. Insofern hat die Religionspädagogik gleichwohl als kategorial neue theologische Disziplin zu gelten, die in gewisser Hinsicht auch als ein ›Gegenüber im Miteinander‹ der Theologie zu sehen ist, insofern sie natürlich theologische Bildungsansprüche vertritt, zugleich aber stets die Anliegen des zu bildenden Subjekts als konstitutiv verteidigt.

Nichtkirchliche Handlungsfelder kommen mit der Etablierung der Religionspädagogik vermehrt und konstitutiv in den Blick und es verändert sich auch die Intention religiöser Bildung: ging es bislang vorrangig um die Einführung und Einfügung von Kindern und Jugendlichen in das kirchliche Leben, erschließt die Religionspädagogik nun neue Stoßrichtungen einer religiös verstandenen Bildung, indem sie religiöse Themen in Hinblick auf ihre gesellschaftliche, soziale und allgemein menschliche Relevanz vermittelt. Der Kirchenbezug stellt dabei nur einen Aspekt unter weiteren dar (Kapitel 3.3). Eine dritte Unterscheidung von Religionspädagogik und Katechetik besteht darin, dass die Bibel ihre Monopolstellung im Unterricht verliert. Zuvor sowohl Inhalt als auch Methode des Unterrichtens, wird sie nun schrittweise zu einem Medium unter weiteren.

Die Sonderstellung der Religionspädagogik im theologischen Fächerkanon erschließt sich anschaulich, wenn man die Ordnungskategorien sozialwissenschaftlicher Forschung (Entdeckungs-, Begründungs- und Realisierungszusammenhang) in ihrem Zusammenhang betrachtet: Der sogenannte *Entdeckungszusammenhang* identifiziert zunächst einmal den Anlass, nach neuen Theorien und Erklärungsmodellen zu suchen, die es ermöglichen, mit diesen Schwierigkeiten einen sachgemäßen Umgang zu finden. Auf der Ebene des Entdeckungszusammenhangs gilt es also, zu eruieren, worin genau ein Problem besteht, welche Rahmenbedingungen veränderbar sind und welche nicht, wer an seiner Lösung beteiligt ist usw.

Im Anschluss daran sind die Antwortmöglichkeiten systematisch und konsistent zu begründen. Diese Theoriebildung erfolgt im *Begründungszusammenhang*. Hier wird versucht, mit Hilfe wissenschaftlicher Kategorien und Einsichten das angesprochene Problem zu durchdenken und zu analysieren. Dabei stellt sich die Frage, welche Wissenschaften überhaupt zur Lösung des Problems relevant sind.

Eine dritte Ebene bildet der *Realisierungszusammenhang*. Hier gilt es, die gewonnenen theoretischen Erkenntnisse zu operationalisieren und in der Praxis umzusetzen. Dabei können dann auch Disziplinen zu Rate gezogen werden, die auf der Ebene des Begründungszusammenhangs selbst nicht vorkommen. Rein hypothetisch ist es der Religionspädagogik in Anbetracht ihrer Aufgaben möglich, auf allen genannten Ebenen exklusiv pädagogisch oder theologisch zu argumentieren.

Der Religionspädagoge Klaus Wegenast hat diese Erkenntnis 1981 zum Anlass genommen, ein Denkmodell zu entwickeln, das über die Verortung der genannten Zusammenhänge (Entdeckung, Begründung, Realisierung) das jeweilige Verhältnis der Religionspädagogik als *Verbund- und Reflexionswissenschaft* zur Theologie bzw. zur Pädagogik klärt und Aufschluss darüber gibt, welches Selbstverständnis die Religionspädagogik potenziell vertreten könnte:

So versteht sich die Religionspädagogik gemäß dem *Autarkiemodell* quasi exklusiv als theologische Disziplin. Andere Disziplinen haben maximal am Realisierungszusammenhang Anteil, etwa derart, dass die Pädagogik didaktische Hinweise zur Gestaltung von Unterrichtsprozessen beisteuert. Die Wahrnehmung der Erziehungswirklichkeit (Entdeckungszusammenhang) und das Finden und Begründen von Inhalten und Intentionen (Begründungszusammenhang) wäre dagegen ein rein theologisch-religionspädagogisches Aufgabenfeld.

Im Grunde würde eine solche Verhältnisbestimmung auf ein Inselbewusstsein der Religionspädagogik hinauslaufen, und beheimatet wäre diese Insel augenscheinlich im theologischen Atoll. Die Religionspädagogik würde folglich keine konstitutiven Verbindungen nach außen, etwa zu sozialwissenschaftlichen Fächern, pflegen. Eine solche Selbstwahrnehmung ginge weit über einen »Primat der Theologie« hinaus, spricht es doch den anderen Fächern im Grunde die Möglichkeit ab, zur Erkenntnis von Lebenswirklichkeiten beizutragen.

Demgegenüber sieht sich die Religionspädagogik im *Dominanzmodell* in einem Beziehungsverhältnis zu anderen, auch nicht-theologischen Disziplinen, wobei diese nicht denselben Stellenwert zugeschrieben bekommen wie die theologischen Fächer, die eben dominant bleiben. So hat die allgemeine Pädagogik bei diesem Modell zwar Anteil am Entdeckungszusammenhang, beim Begründen bleibt sie jedoch außen vor.

Mit dem sogenannten *Konvergenzmodell* setzt sich hingegen die Einsicht durch, dass Theologie und Pädagogik gleichberechtigte Partner sind. Eine sich als Wirklichkeitswissenschaft verstehende Theologie begibt sich bewusst in den hierarchiefreien Dialog mit anderen Disziplinen. Für eine Religionspädagogik als Verbund- und Reflexionswissenschaft folgt daraus, dass Theologie und Pädagogik als gleichberechtigte Größen auftreten müssen. Besonders deutlich wird dies im Konvergenzmodell von Karl Ernst Nipkow, der eine Dialektik von »konvergierenden und divergierenden Elementen« zwischen einer theologischen und einer pädagogischen Begründung sieht und diese später in seinem Elementarisierungsmodell in die Unterrichtsplanung einbringt (Kapitel 4.5). Was Nipkow also fordert, ist ein genuin didaktisch-pädagogisches Denken in der Religionspädagogik, das zugleich aber auch hinreichend und konstitutiv theologische Fragen antizipiert.

Insofern vollbringt die Religionspädagogik in diesem Ansatz eine konstruktive Eigenleistung, indem sie zwischen theologischen und pädagogischen Aussagen so vermittelt, dass Übereinstimmungen und Widersprüche deutlich werden. Nipkow nennt als konvergierende Perspektive die ›Eröffnung von Freiheit‹, um zur Subjektwerdung des Individuums beizutragen.

Wenn Nipkow das emanzipatorische Anliegen innerhalb der Pädagogik betont, dann ist das eine Folge seiner Rekonstruktion der pädagogischen Tradition unter theologischen Gesichtspunkten. Leitendes Kriterium ist dabei die reformatorische Vorstellung von der Freiheit eines Christenmenschen sowie die christliche Anthropologie (Kapitel 1). In einer konvergenztheoretischen Verknüpfung muss allerdings der theologischen Rekonstruktion der Pädagogik der umgekehrte Fall zur Seite stehen, nämlich eine pädagogische Rekonstruktion der theologischen Tradition. Dafür sucht Nipkow einen pädagogischen Begriff, mit dem er die theologischen Theorien pädagogisch beurteilen kann. Dieses Kriterium sieht Nipkow im Bildungsbegriff gegeben. Zwischen ihm und dem christlichen Freiheitsgedanken besteht ein Konvergenzverhältnis, so dass beide Grundkategorien einer religionsdidaktischen Theorie sein müssen. Damit ist die Religionspädagogik der emanzipatorischen Pädagogik im Sinne der Subjektwerdung (Kapitel 2) verpflichtet.

Ab den sechziger Jahren des 20. Jahrhunderts wird in der Religionspädagogik vermehrt auch empirisch geforscht. Denn ein normativ-deduktiver Ansatz kann nur dann überwunden werden, wenn tatsächlich induktiv empirische Zugänge erfolgen. In diesem Sinne hatte Wegenast 1968 ›die empirische Wende in der Religionspädagogik‹ gefordert. So plausibel diese im Kontext des Konvergenzmodells erscheint, birgt sie auch neue Gefahren. Mit einer womöglich einseitigen Präferenz empirischer Forschungsparadigmen könnte eine Abwendung der Religionspädagogik von der Theologie verbunden sein.

So beschreibt das sogenannte *Exodusmodell* die Tendenz einer Loslösung der Religionspädagogik aus dem Kanon der theologischen Fächer und einer Anbindung an die weiteren Bezugswissenschaften, wie die Pädagogik, Psychologie u. a., wo in der Folge dann Entdeckungs-, Begründungs- und Realisierungszusammenhang angesiedelt sind. Augenscheinlich würde die Religionspädagogik so ihre Stellung im theologischen Fächerkanon einbüßen. Darüber hinaus wäre fraglich, inwiefern sie dann noch *Bezugs*- und *Reflexions*wissenschaft wäre.

So wurde oben darauf verwiesen, dass insbesondere die christliche Anthropologie (Kapitel 1) kritische wie konstruktive Impulse aufweist, die von einer Religionspädagogik sowohl den theologischen Nachbardisziplinen wie auch den relevanten außertheologischen Fachdisziplinen gegenüber ins Bewusstsein gerufen werden. Für eine Religionspädagogik, die nicht auf einem theologischen Selbstverständnis fußt, wäre die christliche Anthropologie jedoch womöglich nur ein Denkmodell unter weiteren und ohne normative Ansprüche; empirische Einsichten zum Menschen könnten in der Folge latent affirmativen Charakter beanspruchen und der Aufgabe kritischer Reflexion würde die Religionspädagogik so kaum noch gerecht werden können.

Auch wenn die hier vorgestellten Modelle von Wegenast bereits etwas ›in die Jahre gekommen‹ sind, eignen sie sich noch immer als Analyse- und Denkmodelle, um nach dem Selbstverständnis der Religionspädagogik im Kontext ihrer Bezugswissenschaften zu fragen. Wenn es hingegen um ihre Aufgaben(-felder) geht und die Frage, wie sich hier das Verhältnis zu den Bezugswissenschaften manifestiert, erweist sich in Ergänzung zu Wegenast Michael Domsgens systemisches Verständnis der Religionspädagogik (Domsgen, 2009) als weiterführend.

Bekanntlich berufen sich systemische Ansätze auf die Systemtheorie, die Verhältnisbestimmungen und Prozesse nicht in linearen Kausalzusammenhängen wahrnimmt, sondern stattdessen von zirkulären Strukturen ausgeht, die Beziehungen über Funktionen zwischen den einzelnen Systemen definieren. Eben dies wäre auch die Grundlage einer systemischen Religionspädagogik; »Wahrnehmung, Deutung und Beurteilung von Phänomenen der Lebenswirklichkeit« (ebd., 15) wären ebenso wie »handlungsoptimierende Impulse für die Praxis« im Horizont eines solchen Paradigmas zu sehen und zu begründen. Damit zusammenhängend stellt sich dann die Aufgabe, die »materialen Gehalte« (ebd., 15) zu systematisieren.

3.2 Aufgaben- und Bezugsfelder der Religionspädagogik

Mitunter monieren Kolleginnen und Kollegen außerhalb der Theologie, dass »die Religion« sich in Gestalt der Religionspädagogik zu allgemeinpädagogischen oder bildungspolitischen Problemen äußert. In der Tat ist es ein Sonderfall, dass der »Unterrichtsgegenstand« auf die Frage seiner Vermittlung so einwirkt, wie das etwa in Gestalt einer christlichen Anthropologie geschieht. Es bedarf daher einer Klärung, für welche Gegenstandsbereiche die Religionspädagogik in welcher Hinsicht und mit welcher Begründung ggf. zuständig sein könnte. Es gibt im Wesentlichen drei Optionen mit je verschiedener Reichweite:

Religionspädagogik kann *erstens* in Analogie zu den Fachdidaktiken anderer Fächer als die *Theorie und Didaktik des Religionsunterrichts* verstanden werden. Damit wird vergleichsweise eng das religionsunterrichtliche Lehren und Lernen am Ort Schule zusammengefasst und Didaktik nicht selten als Methodenlehre verstanden. Dabei gerät jedoch aus dem Blick, dass religiöse Bildung – im Unterschied zu den meisten anderen Fächern des schulischen Fächerkanons – auch außerhalb der Schule stattfindet.

Daher ist Religionspädagogik *zweitens* unter Einbeziehung weiterer Handlungsfelder als *Theorie religiöser Erziehung und Bildung in Familie, Kirche, Schule und Gesellschaft* zu interpretieren. Man kann die Orte religiöser Bildung weiter ausdifferenzieren, indem man von Religionspädagogik als »Theorie religionsunterrichtlicher« bzw. »kirchlicher« oder »christlicher Bildung« spricht (Rothgangel 2014, 28-29). Allerdings erscheint diese Trennung ein Stück weit künstlich, weil Religiosität heute diverse Manifestationsformen hat und keineswegs allein in den genannten Sphären vorfindlich ist. Dementsprechend finden auch religiöse Bildungsprozesse in der

Verschränkung aller genannten Orte statt. Es ist daher sinnvoll, das Aufgabenfeld der Religionspädagogik im Sinne der zweiten Verständnisoption als Theorie religiöser Erziehung und Bildung in Familie, Kirche, Schule und Gesellschaft zu weiten. Gemeinhin eckt man auch mit einem derart expandierten Zuständigkeitsbereich der Religionspädagogik noch nicht in der Manier an, wie es eingangs angedeutet ist.

Offensichtlich muss also noch eine weitere, eine *dritte* Definition existieren: Religionspädagogik als *prinzipielle Erziehungslehre*, als *theologische Bildungstheorie* und spezifische, theologisch fundierte, reflektierende institutionalisierte Disziplin, die am öffentlichen Diskurs um Bildung partizipiert. Eine solche Sicht greift weiter als die ersten beiden, weil auch Bildungs- und Erziehungsfragen in den Blick geraten, die nicht direkt mit religiöser Bildung zu tun haben und möglicherweise außerhalb der Fachgrenze der Theologie und ganz sicher des Religionsunterrichts liegen. So könnte man beispielsweise vor dem Hintergrund der christlichen Anthropologie erörtern, welches Menschenbild den curricularen Vorgaben zugrunde gelegt ist und wie sich dies zu einem theologisch fundierten Bildungsverständnis verhält. Nicht selten sind damit auch kritische Impulse verbunden (Kapitel 4).

Zur größeren Klarheit sei die folgende begriffliche Differenzierung vorgeschlagen: Die erste Bedeutung, die vor allem den schulischen Religionsunterricht und dessen Gestaltung im Blick hat, ist am besten mit dem Begriff ›Religionsdidaktik‹ zu kennzeichnen, in Analogie zu anderen Unterrichtsfächern und Fachdidaktiken. Religionsdidaktik ist dann konstitutiv vom schulischen Rahmen und von keinem anderen her zu verstehen. (Das schließt freilich die Anwendung dieser Didaktik für außerschulische Settings wie den Konfirmandenunterricht nicht aus.) Eine rein theologische Sichtweise (Kapitel 3.1.2 Autarkiemodell) ist also in diesem Sinne für den Religionsunterricht ausgeschlossen; eine Sonderdidaktik des Religionsunterrichts, in dem anderes als in den übrigen Fachdidaktiken gilt, kann es nicht geben (vgl. hierzu Konzeptionsdebatte Kapitel 4.2).

Für die zweite Bedeutung – Religionspädagogik als Theorie religiöser Erziehung und Bildung in Familie, Kirche, Schule und Gesellschaft – ist dann ›Religionspädagogik im eigentlichen Sinn‹. Die Religionspädagogik fokussiert hier auf den Gesamtzusammenhang religiöser Bildung an ihren diversen Orten, wie der frühkindlichen religiösen Sozialisation in der Familie, Kindergarten und Kindergottesdienst, Konfirmandenunterricht, kirchliche Jugend- und Erwachsenenbildung sowie Seniorenarbeit, Heimerziehung usw. Die Grenze religionspädagogischer Zuständigkeit ist gemäß dieser Definition dort erreicht, wo es nicht mehr um Fragen explizit religiöser Bildung geht. Religionspädagogik fragt in dieser Perspektive nach den grundlegenden Kriterien und Ziele all dieser pädagogischen Bemühungen und wie man religiöse Lernprozesse initiieren, strukturieren und überprüfen kann. Dazu gehört dann auch die Theorie und Didaktik des Religionsunterrichts. Es ist ohnehin nach meinem Dafürhalten kurzschlüssig, den Religionsunterricht isoliert nur als schulisches Fach zu betrachten und zu vergessen, welche außerschulischen Einflüsse insbesondere im Kontext religiöser Bildung existieren. So verweisen diverse empirische Untersuchungen darauf, dass Schülerinnen und Schüler Religionsunterricht auch danach beurteilen, welche Erfahrungen sie mit kirchlicher und religiöser Erziehung gemacht haben (Kliemann/Rupp 2000).

Andererseits können außerschulische Bildungsbemühungen Ergänzungen zum Religionsunterricht darstellen. Der Rahmen des schulischen Unterrichtes ermöglicht es oft nicht, kreative oder seelsorgerliche Aspekte der Religionspädagogik zu verwirklichen. Von daher muss eine Religionspädagogik im zweiten Sinne nach der Beziehung des schulischen Religionsunterrichtes zu den übrigen religionspädagogischen Handlungsfeldern fragen.

Während Religionspädagogik als a) Religionsdidaktik und b) Religionspädagogik im eigentlichen Sinne allgemeine theologische Überlegungen zu Erziehung und Bildung nur innerhalb der eigenen Fachgrenzen bzw. nur für Fragen religiöser Bildung berücksichtigt, geht die dritte Option zur Bestimmung der Reichweite darüber hinaus.

So ist Religionspädagogik hier im Grunde als theologische Bildungs- und Gesellschaftstheorie zu verstehen. Dabei klingen durchaus auch Anliegen einer *öffentlichen Theologie* an (Kapitel 6). Eine derart definierte Religionspädagogik bringt religiöse bzw. theologische Impulse in die Diskurse der Zivilgesellschaft ein, damit zentrale Anliegen religiöser Bildung hier wirksam werden können – etwa indem bewusst wird, dass alternative Modi der Selbst- und Weltwahrnehmung sowie entsprechende Handlungsalternativen möglich sind. Mit der Annahme einer grundsätzlichen und individuell ausgeprägten Transzendenzverbundenheit kann das individuelle Leben sowie die gesamte gesellschaftliche Ordnung prinzipiell als veränderungsfähig und veränderungswürdig verstanden werden.

3.3 Religiöse Bildung am Ort Schule

Für die Legitimierung religiöser Bildung in der Schule werden heute – etwas vereinfacht – vier unterschiedliche argumentative Pfade beschritten. So wird *erstens* konstatiert, Religion bzw. Religiosität gehöre zum Menschsein konstitutiv dazu. Eine religiöse Dimension sei ein anthropologisches Kontinuum, worauf unter anderem Studien aus der Entwicklungspsychologie (Kapitel 2) verweisen sowie die Tatsache, dass Religion ein universales Phänomen darstellt. Folgerichtig gehört zu Allgemeinbildung auch religiöse Bildung, weshalb z. B. Friedrich Schweitzer ein Recht des Kindes auf Religion proklamiert. *Zweitens* gibt es eine kulturhermeneutische Argumentationslinie: Unsere Kultur sei in der christlich abendländischen Tradition verwurzelt, weshalb religiöse Bildung für Orientierung und Urteilsfähigkeit unabdingbar sei. *Drittens* diene eine religiös konnotierte ethische Bildung der viel beschworenen Wertebildung angesichts postmoderner Beliebigkeit (Kapitel 1.8). Und schließlich verweist man, *viertens*, gerne auf das friedenspädagogische Potenzial religiöser Bildung in einer pluralen Gesellschaft (zur Vertiefung siehe Kapitel 5).

Ein Blick auf die Ursprünge der Argumentation ist ergiebig, wenn es um die Beurteilung der einzelnen Aspekte geht und erschließt die Interdependenzen der verschiedenen Lernorte religiöser Bildung in Vergangenheit und Gegenwart.

Die Legitimationskrise des schulischen Religionsunterrichts am Übergang vom 19. ins 20. Jahrhundert macht es erforderlich, im Rahmen einer Theorie des Religionsunterrichtes den Beitrag des Fachs zur Allgemeinbildung deutlich zu machen, also zu zeigen, inwiefern zu einer gebildeten Subjektivität konstitutiv auch religiöse Bildung gehört. Weiterhin ist zu klären, ob Religion überhaupt lehrbar ist. Kann man Religion vermitteln wie Deutsch, Mathematik oder Physik? Und schließlich: Welchen Beitrag leistet religiöse Bildung respektive der Religionsunterricht für die Gesellschaft? Es stellen sich also im Grunde dieselben Fragen, wie sie uns auch heute begegnen (Kapitel 5.2). Der nachfolgend skizzierte historische Blickwinkel hat also exemplarische Bedeutung für gegenwärtige Herausforderungen religiöser Bildung.

Anfang des 20. Jahrhunderts wird ähnlich wie heute argumentiert, Religion respektive Religiosität sei ein anthropologisches Kontinuum, weshalb zu einer gebildeten Subjektivität eben auch eine gebildete Religiosität gehöre, als elementare Dimension des Menschseins und konstitutiver Teil der Selbstwerdung. Man beruft sich dabei weniger auf theologische als vielmehr auf (religions-)psychologische Argumente in Form der neu aufkommenden empirischen Studien wie der von Wilhelm Wundt (Völkerpsychologie) oder William James (The Varieties of religious experience) (Lämmermann 1994, 39f), die nahelegten, dass Religiosität eine quasi biologische Anlage sei und ergo im Zuge einer umfassenden Allgemeinbildung vorauszusetzen. Diese Argumentation ist an die Erkenntnisse der strukturgenetischen Entwicklungstheorie anschlussfähig, wie sie im zweiten Kapitel dargestellt sind.

Der Eigenanspruch der Religionspädagogik verlangt jedoch, wie gesehen, in Ergänzung dazu nach einer theologischen Argumentation. Dazu sucht die Religionspädagogik in ihren Anfangszeiten Anschluss an die religionstheoretischen und religionspädagogischen Vorstellungen von Friedrich Schleiermacher (1768-1834), der als einer der führenden Theologen des 19. Jahrhunderts auch Mitbegründer der wissenschaftlichen Pädagogik war.

Sich für die Begründung des Religionsunterrichts auf Schleiermacher zu berufen, ist nicht unproblematisch, denn er selbst beurteilt die Möglichkeiten und Notwendigkeiten eines schulischen Religionsunterrichtes durchaus skeptisch. Schleiermachers Ausführungen antizipieren bereits die im Übergang ins 20. Jahrhundert offenbar werdende Aufhebung des organischen Zusammenhanges von Schule und Kirche. Damit markiert er den Ausgangspunkt für die Krise des schulischen Religionsunterrichts.

Schleiermacher vertritt die Ansicht, dass die Theologie respektive die Religionspädagogik diese Entwicklung positiv verstehen und sich darauf einstellen solle. Während der Religionsunterricht in der Schule abzuschaffen sei, sollten die Gemeinden einen eigenen kirchlichen Unterricht konzipieren. Schleiermacher sieht in der Religion eine primär private Angelegenheit, denn Kirche und Staat seien zwei unterschiedliche Sphären. Religion könne nicht vom Staat organisiert werden; vielmehr beruhe die Vergemeinschaftung der Religion auf dem privaten und freien Zusammenschluss religiöser Subjektivitäten (Kapitel 5). Während die Schule auf die Reproduktion der bürgerlichen Gesellschaft abziele, solle die religiöse Erziehung die Reproduktion des kirchlichen Lebens gewährleisten.

Schleiermacher differenziert zwischen einem »Kirchenglauben« und einer allgemeinen, sozial bedeutsamen Religiosität. Die Integration religiöser Momente in die »weltliche« Erziehung begründet er aus dem Verhältnis von *Bildung und Religion* (Lämmermann 1994, 15f). Religion ist ihm zufolge ein *menschliches Grundphänomen* und gehört deshalb zu den die Gesellschaft tragenden Pfeilern. Folgerichtig muss Bildung den Menschen zur Teilhabe an dieser Facette öffentlichen Lebens befähigen. In einer solchen Perspektive wird religiöse Erziehung zu einem konstitutiven Teil von Bildung überhaupt. Die kirchenaffine Katechetik ergänzend muss es, so Schleiermacher, daher auch eine von der Gesellschaft verantwortete religiöse Erziehung geben, die aber gerade nicht kirchlich-konfessionelle Inhalte vermittelt, sondern sich mit der zweiten Facette von Religion, der allgemein-menschlichen Anlage, befasst.

Eine an Schleiermacher anknüpfende Religionspädagogik versucht, den positiven Beitrag der Religion nicht nur für den Menschen, sondern für die Allgemeinheit zu begründen: Religionsunterricht ist notwendig erstens, weil er den Anlagen des Menschen entspricht, und zweitens, weil Religion die Grundlage der allgemeinen Kultur darstellt. Dieser Ansatz ist später typisch für die sogenannte liberale Religionspädagogik (Kapitel 4.2.1) des so genannten Kulturprotestantismus– sie ist darüber hinaus mit der Forderung von Werteerziehung als primäre Aufgabe des Religionsunterrichts in der Gegenwart (Kapitel 5) in Verbindung zu bringen.

Schleiermachers Befürchtung, dass sich ohne eine klare Trennung der Sphären andere Interessen in das Religiöse einmischen könnten, ist nicht unbegründet. In der Schulgeschichte kann man sehen, dass Religionsunterricht immer wieder zu politischen Zwecken missbraucht wurde (Kapitel 4.2). Das zeigt unter anderem die sogenannte Restaurationspolitik nach Schleiermacher. Stärker als je zuvor wurde der Religionsunterricht für die Gesinnungsbildung der preußischen Untertanen eingesetzt. Schleiermachers Ablehnung hätte einer derartigen Funktionalisierung von Religion wohl widersprochen. Das Problem, das sich für eine angemessene Theorie des Religionsunterrichtes stellt, ist offenbar nicht die Frage, wie man eine gesellschaftliche Wirkung der Religion verhindert, sondern vielmehr die, wie man diese bewusst und kritisch wahrnimmt und zur Sprache bringt.

3.4 Gemeinde

Angesichts einer nach Funktionsbereichen ausdifferenzierten Gesellschaft, für die Religion nur einen unter vielen Bereichen darstellt, stellt sich die Frage nach Gemeinsamkeiten und Unterschieden, Bezügen, Schnittmengen, aber auch Widersprüchen und Ergänzungsmöglichkeiten, die zwischen den verschiedenen Lernorten einer ganzheitlich verstandenen, am Subjekt orientierten religiösen Bildung bestehen. Dazu gehört religiöse Bildung in kirchlicher Trägerschaft, wobei der Schwerpunkt im Folgenden auf Altersgruppen und Bildungsangeboten liegt, die relevant für die Schule bzw. Familie als weitere Lernorte sind. Ein vertiefter Blick in die Gemeindepädagogik sowie die Erörterung anderer Lernfelder und Zielgruppen gemeindepädagogischer Bildung muss an dieser Stelle zurückstehen.

Seit einigen Jahren ist ein Wandel im Verhältnis von gemeindepädagogischer und schulischer religiöser Bildung festzustellen: von einem Nebeneinander religiöser Bildung zu einem Miteinander. So belegt die Studie von

Rothgangel, Lück und Kluck, dass sich in der Wahrnehmung von Religionslehrkräften das Verhältnis zur Kirche zunehmend entspannt (Rothgangel/Lück/Kluck, 2017). War die Verpflichtung doppelter Loyalität zur Institution Kirche *und* Schule in der Vergangenheit Religionslehrkräften eher eine Last, so ist dies heute tendenziell einem »entspannt kritischen solidarischen Verhältnis« (ebd., 269) gewichen. Allerdings sehen schulische Lehrkräfte es mehrheitlich *nicht* als ihre Aufgabe, in Formen kirchlichen Lebens einzuführen. Diese Sichtweise wirft die Frage auf, wie sich religiöse Bildung in der Gemeinde in Abgrenzung zu schulischer gestaltet, welche wechselseitigen Einflüsse existieren und welche Schlüsse sich daraus für religiöse Bildung insgesamt ergeben.

Die Gemeinde ist Kirche an einem konkreten Ort. Ihr kommt die Aufgabe der Kommunikation des Evangeliums in einer bestimmten Gemeinschaft zu. Als Institution hat Gemeinde eigene Strukturen und Organisationsformen, sie ist räumlich wie zeitlich verortet. In theologischer Perspektive meint Gemeinde die Gemeinschaft derer, die die Einheit des Glaubens in Wort und Sakrament bezeugen. Dies beinhaltet insbesondere in protestantischer Perspektive, dass Kirche als Gemeinde Glaubenspraxis je neu, diskursiv und kontextuell konkretisiert, als gemeinsames Ringen um Fragen, Antworten und Ausdrucksformen. Dabei gilt es, Bewahren und Lebendighalten in einem dynamischen Gleichwicht zu halten. Eine Einführung in den Glauben und in die Gemeinschaft muss gleichzeitig individuelle Bedeutungsräume eröffnen und Lebenswirksamkeit sichtbar machen.

Die in den 90er Jahren des 20. Jahrhunderts auch in der Gemeindepädagogik einsetzende Subjektorientierung ist also kein von außen erzwungener Wandel, sondern mit dem genuinen Anliegen und Selbstverständnis des kirchlichen Bildungsanliegens verbunden. Gleichwohl ist es ein Balanceakt, gelebten Glauben in lebensweltlicher Orientierung und Relevanz wahrzunehmen, ohne dabei die Erfordernisse kirchlicher Sozialisation zu vernachlässigen. In Anbetracht dieser komplexen Aufgabe und mit Blick auf das vielfältige Feld von Adressatinnen und Adressaten sind kirchliche Bildungsangebote weit gefächert. So finden sich Angebote für Erwachsene, die in organisatorischer Hinsicht etwa dem diakonischen Bereich zugeordnet sind und dort nach Bedürfnissen spezifiziert verschiedene Gruppen (Berufsgruppen, Senioren, Geflüchtete, Kranke u. a.) ansprechen. Im Elementarbereich ist vor allem an Kindertageseinrichtungen in kirchlicher Trägerschaft zu denken.

Allerdings darf dies nicht darüber hinwegtäuschen, dass die Funktionen und Aufgaben von Kirche und Eltern durchaus unterschiedlich wahrgenommen werden. Während erstere gemeindepädagogische Aspekte religiöser Bildung als zentral wahrnimmt, liegt Eltern vor allem an formaler Bildung, die die Kinder für die weiterführenden Bildungsinstitutionen qualifiziert (Dippelhofer-Stiem/Kahle, 1995, 207). Außerhalb des diakonischen Bereichs erreicht Kirche Kinder über Kindergottesdienste; ein Fünftel aller an Sonn- und Feiertagen gefeierten Gottesdienste sind dezidiert für Kinder konzipiert (laut Kirchenamt, 17). Ab der ersten Sekundarstufe (5./6. Klasse) erfahren kirchliche Angebote allerdings weit weniger Zuspruch als bei den jüngeren Altersgruppen.

Eine Ausnahme bildet die umfassend erforschte Konfirmandenarbeit (Schweitzer u. a. 2010). So lassen sich trotz sinkenden Kirchenmitgliedszahlen stabil ca. 30% aller Jugendlichen der demografischen Gesamtkohorte konfirmieren (Schweitzer u. a. 2015, 119-125). Weiterhin beurteilen die Jugendlichen ihre Konfirmandenzeit überwiegend als positiv, wobei vorrangig lebensgeschichtlich bedeutsame Faktoren benannt wurden, wie Gemeinschaft und Spaß zu erleben, über Sinnfragen nachzudenken und mehr über Gott und den Glauben zu erfahren (Schweitzer u. a. 2010, 221). Ganz anders fällt das Urteil über den Gottesdienst als verbindliches Element der Konfirmandenarbeit aus, der von den Jugendlichen zumeist als langweilig und lebensfern empfunden wird. Auffällig ist auch, dass Konfirmandenarbeit insgesamt zwar als zufriedenstellend bewertet wird, aber nicht als für das eigene Leben relevant (Maaß/Simojoki 2015). Augenscheinlich gelingt es trotz einer klaren Orientierung am Subjekt, einem stark partizipativen Charakter von Konfirmandenarbeit (statt ehemals »Konfirmanden*unterricht*«) und entsprechenden Gestaltungsformen (Camps, Projektarbeiten, naturaffine, erlebnisorientierte Konzepte u. v. m.), nicht, die Diskrepanz zwischen kirchlichem Leben in der Gemeinde und dem »echten« Leben hinreichend zu überbrücken.

Will man nun Schule und Gemeinde im Kontext umfassender religiöser Bildung in Bezug zueinander setzen, so ist zunächst festzustellen, dass der organisatorische Rahmen der beiden Lernorte konstitutiv verschieden ist. Schule ist verpflichtend, wohingegen kirchliche Bildungsangebote durchgängig Freiwilligkeitscharakter haben. Kirchliche Bildungsprozesse wenden sich weiters an Adressatinnen und Adressaten aller Altersstufen, vom Neugeborenen bis zum Hochbetagten, aber nicht im Sinne eines stufenförmigen, linearen Modells, wie in den curricularen Vorgaben der Schule, sondern vielmehr zielgruppenorientiert und eklektisch. Es überrascht daher nicht, dass das Interesse an religiöser Biografieforschung wächst. Daher ist religiöse Bildung in der Gemeinde stärker an den Zielgruppen und verschiedenen Milieus orientiert und generiert primär bedürfnisorientierte Angebote. Bei der didaktischen Gestaltung religiöser Bildungsprozesse finden zunehmend ästhetisch-kulturelle sowie ethisch-diakonisch orientierte Formate in gemeindepädagogische Konzepte Eingang. Diese korrespondieren mit den spezifischen Lerninhalten und -dimensionen (Kapitel 4.5) im gemeindlichen Bildungsprozess. So geht es im herrschaftsfreien Raum kirchlicher Bildung vermehrt um Glaubensfragen, Liturgie oder Seelsorge; die Inhalte sind stärker von Theologie her bestimmt als beim schulischen Religionsunterricht. Das Verhältnis zur Gesellschaft weist – in prophetischer Tradition stehend – Aspekte von Fürsorge ebenso auf wie Kritik an Missständen, Machtstrukturen – und nicht zuletzt Selbstkritik.

3.5 Informelle Räume: Familie

Die Definition und Eingrenzung religiöser Bildungsprozesse außerhalb der institutionellen Räume von Schule und Kirche/Gemeinde ist alles andere als einfach. Ratsam ist daher eine Eingrenzung auf Orte und soziale Einheiten, in denen sich explizit religiöse Bildungsprozesse ereignen, die zudem auch noch Verbindungen zu den anderen Lernorten aufweisen. Dies ist insbesondere bei der religiösen Sozialisation innerhalb der Familie der Fall.

Die Familie hat als soziale Einheit in den vergangenen Jahrzehnten markante Umbrüche erlebt – etwa in Bezug auf ihre Konstellation oder aber das Rollenverständnis der einzelnen Mitglieder. Neben – nicht selten anstelle – der Rolle als Hausfrau und Mutter stehen viele Frauen heute fest im Berufsleben. Dies verändert ihr Selbstverständnis und auch die Funktion und den Aufgabenbereich des Mannes. Des Weiteren verändern sich Paarkonstellationen und Genderdefinitionen vom klassischen Mann-Frau-Paradigma hin zu homosexuellen Partnerschaften und Patchwork-Familien, die gemeinsam die Erziehung der Kinder verantworten. Darüber hinaus ändert sich das Generationengefüge der Gesellschaft markant: eine sinkende Anzahl von Kindern steht immer mehr Seniorinnen und Senioren gegenüber, ein Zusammenleben in Drei-Generationen-Einheiten ist heute eher die Ausnahme. Dies ist für Fragen der religiösen Sozialisation relevant, da diese häufig von den Großeltern und den Müttern maßgeblich getragen wird. Beide sind jedoch im Alltagsleben der Kinder in zunehmendem Maße abwesend.

Unbeeindruckt von alledem bleibt die zentrale Aufgabe von Familie bestehen: Sozialisation und Erziehung. Die religiöse Sozialisation wird nun infolge der geteilten Erziehungsaufgabe zunehmend außerhalb der Familie delegiert (Kindertagesstätte, Kindergarten, Religionsunterricht). Dies ist einerseits mit der funktionalen Ausdifferenzierung der Gesellschaft zu begründen. Auf der anderen Seite empfinden Eltern aber auch eine zunehmende Distanz (bis Ablehnung) gegenüber der Institution Kirche und reichen auch deshalb die Aufgabe der religiösen Sozialisation gerne an Fachleute weiter. Neben der Ablehnung institutionalisierter Religion und der überwiegenden Verweigerung der Partizipation an kirchlichem Handeln ist nämlich auch eine zunehmende Unsicherheit festzustellen. Eltern wirken nicht selten überrascht und mitunter überfordert, wenn sie feststellen, dass ihre Kinder religiöse Fragen (zum Tod, zu Gott, zu ›gut und böse‹ oder zu religiösen Feiern im Jahreskreis) und Bedürfnisse haben, die von Eltern nicht vollumfänglich bedient werden können – sei es mangels Wissen, wegen fehlender Sicherheit in der religiösen Praxis, emotionaler Unsicherheit oder geringer Überzeugung.

Religiöse Bildung und Sozialisation innerhalb der Familie geschieht überwiegend nicht bewusst, sondern implizit, intuitiv und damit informell. Wie es für Sozialisationsprozesse kennzeichnend ist, beruht religiöse Bildung bzw. Sozialisation hier auf Imitationslernen und Kooperation in Alltagskontexten. Vor diesem Hintergrund finden auch religiöse Rituale, Reflexion, Kommunikation und Praxis in der Familie statt. Das bedeutet freilich, dass diese Dinge kaum an andere delegierbar sind. Ganz richtig stellt Schröder fest, dass von außen kommende, als Ergänzung gedachte Momente für die religiöse Sozialisation in der Familie nur »subsidiär (...) als Angebote (...) und Wahlentscheidungen« (Schröder 2012, 432) gedacht sein dürfen.

4 Religionspädagogik als didaktische Disziplin

4.1 Konzeptionierung religiöser Bildung

Gerne zitiert man Goethe und seinen Satz, dass alle Theorie grau sei – »Grau, teurer Freund, ist alle Theorie, und grün des Lebens goldner Baum«, der bekanntlich aus dem Faust stammt. Doch diejenigen, die ihn zustimmend zitieren, übersehen womöglich, dass er zur teuflischen Verführung des Mephisto gehört. Bildhaft könnte man sagen: Nur der Teufel hat ein Interesse an Menschen, die theorie- und konzeptionslos sind und die er deshalb manipulieren kann.

Unterricht, verstanden als intersubjektives Interaktionsgeschehen, scheint auf den ersten Blick einer theoretischen Fundierung zuwider zu laufen, wenn man Theorien als grau, normativ und statisch versteht. Um solchen Missverständnissen von Theorien zu begegnen, zieht man heute gerne die Bezeichnung »Konzeption« vor. Konzeptionen haben wie Konzepte etwas Vorläufiges und Veränderbares. Bei der Theorie hingegen fällt es eher schwer zu glauben, dass sie revidierbar, flexibel oder diskursiv sei. Ein Konzept ist etwas, aus dem etwas werden kann und soll; aber es steht noch nicht wirklich fest, es ist entwickelbar und in gewisser Weise fluid. Der Begriff des Konzepts findet sich zudem in einer erweiterten Bedeutung z. B. in der Psychologie. In der Persönlichkeitspsychologie kennt man unter anderem den Begriff des Selbstkonzepts. Im Selbstkonzept eines Menschen sind seine bisherigen Erfahrungen mit sich selbst eingegangen. Aber auch in anderen Zusammenhängen wird in der Psychologie gerne der Begriff *Konzept* gebraucht. Da wird z. B. vom Todeskonzept oder vom Konzept für Glück und oder für Mitleid gesprochen. Mit der Brille unseres eigenen Konzepts beäugen wir die Entwürfe anderer, denn mit unseren Konzepten sind Kriterien und Kategorien verbunden, die Orientierung und Urteilsvermögen bieten. Eine Konzeption ist im Grunde eine bereichsspezifische Theorie, die sich aus reflektierten und weiterentwickelten Konzepten ergibt.

Aus der Psychologie ist bekannt, dass es auch unbewusste Konzepte gibt. Lehrkräfte begegnen z. B. ›religionsdidaktischen Konzepten‹ von Eltern, die eben bestimmte Auffassungen von einem guten und richtigen Religionsunterricht haben. Um solche vorbewussten Konzepte de- und rekonstruieren zu können, brauchen Lehrkräfte ein eigenes, gediegenes Konzept für ihr Berufsfeld, das nicht nur didaktische und methodische Pfade aufzeigt, sondern Reflexion und Urteilsfähigkeit erlaubt. Wer ein bzw. sein Konzept für den Religionsunterricht entwerfen will, der sollte nicht nur die Standortgebundenheit des eigenen Wahrnehmens, Denkens, Fühlens und Urteilens kritisch reflektieren, sondern auch den Blick in die eigenen Traditionen schulen.

Blickt man auf die Diskussion um eine Didaktik des modernen Religionsunterrichts, so kann man natürlich die üblichen konfessionellen Differenzen erkennen, aber auch eine viel größere Bereitschaft zum überkonfessionellen Diskurs als etwa in der Dogmatik. Aufs Ganze gesehen lässt sich zudem feststellen, dass die katholische Religionspädagogik stärker als die evangelische von kirchenleitenden Gremien beeinflusst wurde, während auf evangelischer Seite tendenziell eher eine wissenschaftsinterne Diskussion – vor allem auch mit den Human- und Sozialwissenschaften – stattfand (Kapitel 4.2.1 sowie 4.2.4). Dies führte gelegentlich zum Vorwurf, man beflügle einen verkappten Sozialkundeunterricht. Zudem bestand in der katholischen Religionspädagogik lange eine gewisse Tendenz, Didaktik unmittelbar mit Methodik zu identifizieren und sie nicht als eigenständige Strategie zum Finden von Unterrichtszielen und -inhalten zu entwickeln. Als genuin katholisch kann die an den Zielfeldern orientierte Korrelationsdidaktik von G. Baudler u. a. Anfang der siebziger Jahre gelten, durch die der Blick auf die Schülerinnen und Schüler ein eigenständiges Gewicht gegenüber theologisch-kirchlichen Vorgaben erhielt und die breit rezipiert wurde (u. a. durch die Gemeinsame Synode der Bistümer in der Bundesrepublik Deutschland 1974). Demgegenüber hatten es andere Konzeptionen, wie z. B. die Symboldidaktik von H. Halbfas (s. u.) oder der therapeutische Ansatz von Randak eher schwer, kirchliche Zustimmung zu gewinnen. Neuere Ansätze, wie der performative Religionsunterricht, der auch in der katholischen Religionspädagogik diskutiert wird, betonen, dass sie ganz auf dem Boden der Würzburger Synode (s. o.) stehen. Gleiches gilt für die konstruktivistische Religionsdidaktik (s. u.).

Allen nachfolgend dargestellten und diskutierten konzeptionellen Perspektiven ist das Anliegen gemein, eine existenziell bedeutsame Begegnung zwischen den Inhalten religiöser Bildung und den Lernenden theoretisch zu fundieren, um die diversen didaktischen Optionen auf einen konzeptionellen Grund zu stellen.. Religionsdidaktische Konzeptionen sind immer auch Kinder ihrer Zeit. Sie können aber in exemplarischer Funktion durchaus auch heute bedeutsam sein, wenn wir fragen, auf welche spezifischen Bedingungen religiöser Bildung sie reagieren, wie sie diese theologisch interpretieren und in der Folge Anspruch und Gestalt von religiöser Bildung ausformen – und inwiefern darin Potenzial für eine Interpretation religiöser Bildung unter postmodernen Bedingungen liegt.

4.2 Religionspädagogische Konzeptionen in der Vergangenheit

Im Grunde sind schon in der Ausbildung einer christlichen Theologie theoretische Überlegungen zur religiösen Unterweisung von Kindern, also Konzepte oder Theorien über religiöse Erziehung, angelegt. Aber erst seit dem Ende des 19. Jahrhunderts subsumiert man solche Versuche – in Unterscheidung von Katechetik – unter dem Begriff »Religionspädagogik« (Kapitel 3). Konzeptionsdebatten werden meist durch markante Umbrüche, Irritationen oder Krisen ausgelöst. Sie sind im weitesten Sinne auch als Krisenprogramme und Aufbaupläne zu verstehen, wobei Konzeptionen in der Regel erst in der Rückschau identifiziert werden und kein bewusst konzipiertes Programm darstellen. Gleichwohl stellt der jeweils aktuelle Kontext einen wichtigen Rahmen dar, so auch im Übergang vom 19. zum 20. Jahrhundert. Zu diesem Zeitpunkt hatte sich auf der einen Seite ein modernes, säkulares Schulwesen gebildet und auf der anderen Seite die moderne, von der Theologie emanzipierte Pädagogik. Folgerichtig wurde debattiert, ob und inwieweit der Religionsunterricht überhaupt Bestandteil der allgemeinen säkularen Bildung in der öffentlichen Institution Schule sein soll (Lämmermann 1994, 7). Am Ende des 19. Jahrhunderts war der Religionsunterricht zwar in seinem Stundenmaß festgelegt, aber andererseits wurde seine Stellung im schulischen Curriculum zunehmend unklar.

Nicht unähnlich stellt sich heute in einem anderen Kontext (Kapitel 5) die Frage nach dem genuinen Beitrag des Religionsunterrichts zur Allgemeinbildung und seiner Daseinsberechtigung in der öffentlichen Schule. Der nachfolgende Gang durch historische Ansätze zur Konzipierung religiöser Bildung ist vor diesem Hintergrund als eine Art Blaupause zu verstehen. In der rekonstruierenden Darstellung von Bildungskonzepten aus der

Vergangenheit scheinen nämlich implizit auch Fragen zur Gegenwart und Zukunft des Religionsunterrichts aufzuscheinen. Wenn Schlag für die Religionspädagogik der Gegenwart feststellt, dass ihre »Grenzverläufe und Farbenspiele seltsam in Bewegung und Verwerfung geraten sind« (Schlag 2019, 228), gilt dies weiter gedacht auch für die Konzipierung von Religionsunterricht, der heute durch ein Nebeneinander verschiedener Konzeptionen und neuer (durchaus auch einander widersprechenden) Entwicklungen gekennzeichnet ist. Angesichts dessen dient ein Gang durch historische Konzepte der Orientierung und kategorisierenden Zuordnung.

4.2.1 Die liberale Religionspädagogik

Die Suche nach einem modernen Konzept für den Religionsunterricht nimmt – nach allgemeiner Einschätzung – mit Friedrich Schleiermacher (1768-1834) ihren Ausgang. Die staatstragende Funktion von Religion und religiöser Bildung wird seit Schleiermacher zum Kennzeichen der »liberalen Religionspädagogik«, deren Anfang man üblicherweise mit der Konzeption von Richard Kabisch (1868-1914) verbindet (Kabisch 1910). Das liegt zum einem an seiner immensen schulpraktischen Wirkung und zum anderen daran, dass er primär in der Pädagogenausbildung verwurzelt war. Unter bildungstheologischen Gesichtspunkten ist allerdings auch Friedrich Niebergall (1866-1932) (Niebergall 1911, 1920, 1921) ein signifikanter Vertreter der liberalen Religionspädagogik.

Kabisch ging von einer genuin religionsdidaktischen Fragestellung aus, nämlich der, ob man Religion überhaupt – wie andere Fächer – lehren könne: »Wie lehren wir Religion? Versuch einer Methodik des Evangelischen Unterrichts für alle Schulen auf psychologischer Grundlage« lautete der Titel seines durchschlagenden Standardwerkes. Darin ging es ihm um eine pädagogische, aber zugleich auch religionspsychologische Grundlegung für den Religionsunterricht. Wie Schleiermacher sah Kabisch im religiösen Gefühl das Zentrum der Religion. Während Schleiermacher allerdings der Überzeugung war, man könne Religiosität bestenfalls anregen, war Kabisch von einer pädagogischen »Produzierbarkeit« von Religiosität überzeugt. Denn wenn – wie Schleiermacher meinte – Religion auf einer Anlage beruht, dann müsse man diese Anlage – wie alle anderen auch – durch didaktisch-psychologische Maßnahmen aktivieren und entwickeln können. Und während Schleiermacher als Lebensraum der Religion die Kirchengemeinde ansah, betonte Kabisch die kulturbasierte und kulturfördernde Funktion der Religion. Damit war klar, dass der Religionsunterricht seinen angestammten Platz in der Kulturinstanz Schule haben muss und dass ihm weiterhin eine staatstragende Aufgabe zukommt.

Schleiermacher hatte bekanntlich in seinen Reden Religion als das Gefühl schlechthinniger Abhängigkeit bestimmt. Für Kabisch ist dies aber nur der eine Teil des religiösen Gefühls; der andere ist das, was er als Erhebungsgefühl bezeichnet. Aufgabe der Religionspädagogik sei es nun, in einem ersten Schritt das Abhängigkeitsgefühl bei den Adressatinnen und Adressaten religiöser Bildung zu aktivieren. Damit sei der Boden für die Gottesfrage und Gottesbeziehung geschaffen, auf der sich dann das Erhebungsgefühl entwickeln könne, so Kabisch. Das geht aber nur, wenn das ursprüngliche Selbstwertgefühl in die Krise gebracht und aus dieser religionspädagogisch begleitet wieder herausgeführt wird. Dazu entwickelte Kabisch eine religionspsychologisch begründete didaktische Stufenlehre, die durchaus als Vorläufer der modernen strukturgenetischen Entwicklungspsychologie (Kapitel 2) gelesen werden kann. Weil es um psychologisch-didaktisches, angeleitetes Lernen geht, steht in dieser Variante der liberalen Religionspädagogik die Lehrkraft mit ihrer unhinterfragbaren Autorität im Vordergrund, ganz im Trend des geistigen, sozialkulturellen und politischen Zeithorizonts der wilhelminischen Ära.

4.2.2 Die Evangelische Unterweisung

Nach dem 1. Weltkrieg wurde das liberale Konzept scharf kritisiert von der »Dialektischen Theologie«, die nunmehr in Theologie und Kirche Zuspruch gewann und deren religionspädagogische Vertreter zum Angriff auf das bisher dominierende Konzept bliesen. Allen voran Gerhard Bohne (1895-1977) (Bohne 1953, 1964) mit seiner Programmschrift »Das Wort Gottes und der Unterricht« von 1929 sowie die zahlreichen Veröffentlichungen von Oskar Hammelsbeck (1899-1975) (Hammelsbeck 1939, 1940, 1961), die bei genauerer Analyse allerdings in sich gar nicht so kongruent sind, wie es zunächst erscheint. Beide beziehen ihre Anregungen aus der »Wort-Gottes-Theologie« Karl Barths. Insbesondere Barths theologische Religionskritik wird – neben der Betonung des Wort Gottes – zum Mittelpunkt des neuen Ansatzes. Im Dritten Reich mit der völkischen Gleichschaltung auch des Religionsunterrichts kam die dialektische Religionspädagogik zunächst nicht mehr zum Tragen. Dominant wurde dieses Konzept erst nach dem 2. Weltkrieg unter der Bezeichnung »Evangelische Unterweisung«. In manchen Bundesländern wurde sogar der Religionsunterricht in Evangelische Unterweisung umbenannt. Teil des Konzepts war eine stärker katechetische Orientierung des evangelischen Religionsunterrichts, die eigentlich seit der Vermittlungstheologie des 19. und der liberalen Theologie des 20. Jahrhunderts überwunden schien.

Hauptexponent des Konzepts war Helmut Kittel, der – unter theologischen Gesichtspunkten etwas kühn – die Religionskritik Karl Barths auf den Religionsunterricht anwendete und die Parole »Nie wieder Religionsunterricht« ausgab. Religion sei eine vom Menschen produzierte Phantasie, die mit dem wahren Glauben nicht in Einklang zu bringen sei. Bohne verwarf auch die Behauptung liberaler Theologen, Kinder könnten mit didaktischen Maßnahmen zum Glauben geführt werden. Glaube sei schlechterdings unverfügbar und bestenfalls ein Geschenk. Deshalb sprach schon Hammelsbeck von der »Krisis aller Bildung«. Aber während er den pädagogischen Bildungsgedanken dennoch nicht ganz preisgab, indem er betonte, dass Bildung durchaus eine Folge des Glaubens sein könne, die die Vermenschlichung des Menschen fördere, wird die Bildungskritik nach dem 2. Weltkrieg durch Kittel radikalisiert. Für ihn ist der Bildungsgedanke das Ergebnis eines gottlosen menschlichen Größenwahns.

»Das ganze Elend wurzelt im Namen Religionsunterricht« lautete der programmatische Hauptsatz Kittels: »Evangelische Unterweisung, so heißt die nun uns gestellte Aufgabe – nie wieder Religionsunterricht!« Denn Religion und Glaube sind zwei kategorial völlig unterschiedliche, konträre Dinge, so Kittel. Wie Bildung sei auch Religion ein vom Menschen selbst produziertes Machwerk; beide führten nicht zu Gott und zum Glauben an ihn, sondern zur Selbstvergottung des Menschen. Die liberale Religionspädagogik habe das unverfügbare Evangelium missbraucht zur Erziehung der Kinder zu sittlichen, staatstreuen Persönlichkeiten; damit verlöre das Wort Gottes aber seinen Markenkern als Offenbarung, die nun einmal etwas gänzlich anderes, eben gerade Gegenteiliges zur menschlichen Weltsicht sei. Gott sei eben der ganz Andere, der dem menschlichen Geist Unverfügbare, und zu ihm führe auch keine religiöse Veranlagung. Erst wenn der Mensch auf alle Eigenaktivitäten verzichte und echtes Hören lerne, könne Glauben in ihm aufblühen. Bohne hatte noch davon gesprochen, dass der Religionsunterricht Kinder vor die Entscheidung für Gott stellen solle. Kittel sah darin einen Rest von pädagogischem Optimismus, weil damit der Illusion Vorschub geleistet würde, der Mensch habe überhaupt etwas zu entscheiden. Aber – so Kittel – in Christus sei ja alles schon immer entschieden, und insofern gehe es nicht um Entscheidungen im Unterricht, sondern um die glaubende Annahme der Entscheidung Gottes für den Menschen. Weil der Mensch dem Wort Gottes prinzipiell passiv zu begegnen habe, ginge es im Unterricht zum einem – auf Seiten der Kinder – um die »Heiligung«, und zum anderen – auf Seiten der Lehrenden – um »Entschiedenheit«.

Die Evangelische Unterweisung versteht sich quasi als Wort-Gottes-Pädagogik. Damit geht die methodische, didaktische und inhaltliche Zentralstellung der Bibel einher, denn diese weist exklusiv den Weg zur Heiligung. Allerdings nur dann, wenn man mit der Bibel nicht historisierend, kritisch-exegetisch oder moralisierend umgeht, sondern indem man auf sie höre und auf deren Wirkung setze. Was die Religionspädagogik in diesem Prozess beitragen könne, sei die Einsicht des Kindes in seine prinzipielle Sündhaftigkeit anzuregen, die der Erlösung und Heiligung bedürfe.

Für Kittel ist der Religionsunterricht auch aus diesem Grund wesensmäßig ein Fremdkörper in der Schule. Er habe eigentlich keine schulische Eigenaufgabe, sondern müsse von der Kirche her und auf sie zu gestaltet werden.

Im Nachkriegsdeutschland war der Siegeszug der Evangelischen Unterweisung total und hielt – vor allem im Grundschulbereich – lange an, bis seine unhinterfragte Plausibilität gesellschaftlich nicht mehr gegeben war. Zu Beginn der Bundesrepublik Deutschland bestand ein gewisser gesellschaftlicher Konsens, dass der neue Staat auf christlich-abendländischer Grundlage aufzubauen sei (Lämmermann 1994, 64f). Auf diesem Hintergrund fand natürlich ein Religionsunterricht, der ganz auf Bibel und Gesangbuch basierte, durchaus breite Akzeptanz. Aber mit dem Wirtschaftswunder, der weiteren pädagogischen, medialen und theologischen Entwicklung sowie säkularen Tendenzen, schwand dieser gesellschaftliche Konsens und damit die Wertschätzung der Evangelischen Unterweisung.

4.2.3 Der Hermeneutische Religionsunterricht

Was der Dogmatiker Karl Barth für die Evangelische Unterweisung bzw. dialektische Religionspädagogik war, ist der Neutestamentler Rudolf Bultmann für das Konzept des Hermeneutischen Religionsunterrichts. Mit Bultmann verbinden sich bekanntlich Schlüsselbegriffe, wie »Entmythologisierung« oder »existentiale Interpretation«. Bultmann selbst wehrte sich gegen die Verkirchlichung des Religionsunterrichts und plädierte für eine überzeugende schultheoretische Begründung des Fachs. Zugleich betonte er, dass in einer sich rational verstehenden Umwelt auch der Religionsunterricht rational begründet und seine Inhalte wissenschaftlich abgesichert sein müssen: Schülerinnen und Schüler sollen den christlichen Glauben verstehen lernen. In einer technisch-rationalen Welt könne man nicht verlangen, dass Kinder im unmittelbaren Wortsinn an Wunder glauben; derartiges müsste vielmehr rational interpretiert, d. h. entmythologisiert werden. Erst dann eröffne sich der Sinn für die existentiale Selbstinterpretation moderner Menschen. Wundererzählungen seinen ja keine Tatsachenberichte, sondern Erzählungen von Glaubenden, die ihren Glauben, d. h. ihr Existenzverständnis ausdrücken wollten.

Während die Evangelische Unterweisung jede Form von Didaktik und Pädagogik als Bezugspunkt ablehnte, rekurrierten die Pädagogen des hermeneutischen Ansatzes auf die allgemeine Didaktik und Pädagogik, namentlich auf die späte Reformpädagogik und geisteswissenschaftliche Pädagogik und vor allen Dingen auf die bildungstheoretische Didaktik. Mit dem neuen Konzept wurde das Ende der Abschottung gegenüber der Pädagogik, aber auch der Sozial- und Kulturwissenschaften eingeleitet. Umgekehrt interessierten sich die Vertreter dieser anderen Disziplinen auch wieder für den Religionsunterricht und seine allgemeinpädagogische Bestimmung. So finden sich unter anderem in Wolfgang Klafkis Bildungs- und Schultheorie (1964) Hinweise auf Aspekte religiöser Bildung: Religion und Glaube stellen demnach eine quer zu allen Lebensbereichen verlaufende und alles durchdringende Dimension von Bildung dar, die höchst relevant ist. Dieser bildungstheoretische Gedanke liegt ganz auf der Linie einer existentialen Interpretation.

Zehn Jahre nach Bultmanns Kritik an Kittel und dessen Evangelischer Unterweisung veröffentlichte Martin Stallmann (1903-1980) die erste Programmschrift zum Hermeneutischen Religionsunterricht (Stallmann 1958, 1963, 1968). 1959 folgte dann Hans Stock (1960, 1969a, 1969b) mit seiner Evangeliumsinterpretation für die Schule, ab 1957 erschienen mehrere Veröffentlichungen von Gert Otto (1957, 1964) zum Hermeneutischen Religionsunterricht. Wegenast trat ihnen mit seiner Schrift von 1965 »Der biblische Unterricht zwischen Theologie und Didaktik« zur Seite. Der Titel signalisiert das neue Verständnis: die Religionspädagogik beansprucht, eine Verbundwissenschaft von Theologie und Didaktik zu sein, in der beide Seiten gleichursprüngliche Rechte haben und vertreten. Vor allem sollte der Religionsunterricht nicht ein bloßer Applikationsort von dogmatischen Deduktionen sein. Theologische und exegetische Einsichten könnten nur dann auch für die Schule relevant sein, wenn sie pädagogisch-didaktisch reflektiert würden.

Der hermeneutische Ansatz reagierte auch in politischem Sinn auf die Wertekrise, die durch das konkurrierende Nebeneinander der Wirtschaftssysteme im sogenannten Kalten Krieg zutage trat. So zeigt Stallmann, dass sich die Menschen zu sehr in ihren Konsumgewohnheiten und in den durch die Arbeitswelt vorgegeben Produktionsbedingungen eingerichtet und dabei verlernt haben, nach sich selbst zu fragen. Die Frage nach der geschichtlichen Verantwortung der Nazizeit wird erst in den sechziger Jahren vor allem durch die junge Generation diskutiert. Der Hermeneutische Religionsunterricht greift diesen Diskurs zunächst nur insofern auf, als er festhält, dass die Menschen grundsätzlich ihre Geschichtlichkeit ignoriert und die Frage nach dem Sinn des Lebens in vielerlei Hinsicht ignoriert haben.

Der Religionsunterricht bietet mit historisch-kritisch aufgearbeiteten biblischen Texten Ressourcen für Menschen, die nach Sinngebung suchen. Dazu müsse man allerdings die zeitgenössischen Zugangsweisen des Menschen zur Wirklichkeit beachten. Emotionale Vereinnahmungen seien abzulehnen; der Unterricht habe vielmehr zum kritischen rationalen Umgang mit Texten und mit anderen Sinnangeboten zu qualifizieren.

Hans Stock betont, dass die Evangelische Unterweisung den kategorialen Unterschied zwischen Unterricht und Predigt übersehen habe und den Unterricht zu predigthaft gestalte. In der Predigt könne man historische Differenzen und damit den garstigen Graben der Geschichte durchaus überspringen. Im Unterricht hingegen sei man auf die kritische Analyse angewiesen. Zudem könne man in der Predigt von einem gewissen religiösen Vorverständnis der Hörer ausgehen, während gerade dies bei den gegenwärtigen Schülerinnen und Schülern nicht gegeben sei. Würde man ihnen unkritisch wundersame Erzählungen als glaubhafte Berichte vorsetzen, löse man bestenfalls Verwunderung aus, träfe aber nicht die eigentliche Intention der biblischen Botschaft. Diese müsse eben historisch-kritisch entmythologisiert, von ihren zeitgebundenen Veranschaulichungen befreit und auf ihr Angebot an Existenz- und Sinninterpretationen hin überprüft werden.

Schon in der Grundschule müsse man in Ansätzen historisch-kritische Exegese betreiben. Stets seien die Schüler in ihrer Selbstinterpretation ernst zu nehmen; der Unterricht habe stets von deren Vorverständnis auszugehen und sie nicht zu Überzeugungen zu drängen, die sie nicht teilen könnten.

In erkennbarer Anlehnung an die bildungstheoretische, geisteswissenschaftliche Pädagogik betonte Gert Otto (1927-2005), dass es Aufgabe der Schule und damit auch des Religionsunterrichts sei, in die Überlieferung unserer Kultur so einzuführen, dass damit Heranwachsende ihre Welt und sich selbst besser verstehen könnten. Dabei sei konsequent vom Entwicklungsstand und den geistigen Fähigkeiten der Kinder auszugehen. Anders als Stock lehnte Otto deshalb eine historisch-kritische Verfahrensweise in der Grundschule ab. Wundergeschichten sind für Otto in der Grundschule dennoch weitgehend obsolet, weil mit ihnen eben ein falsches Verständnis (z. B. von Jesus als Magier) angeregt werde. Sie gehörten deshalb in den historisch-kritischen Unterricht der höheren Schulstufen.

4.2.4 Der Thematisch-Problemorientierte Religionsunterricht

Wenn auch unter anderen didaktischen Perspektiven als bei der Evangelischen Unterweisung, so behält auch der Hermeneutische Religionsunterricht die zentrale Stellung der Bibel bei, andere Medien und Methoden spielen nur eine untergeordnete Rolle. Das änderte sich mit dem Aufkommen des thematischen oder problemorientierten Religionsunterrichts, der nicht mehr von der Bibel, sondern von der Wirklichkeit der Schüler und Schülerinnen ausgehend Inhalte für den Religionsunterricht suchen wollte. Einer der ersten Vertreter war Hans-Bernhard Kaufmann, der die Mittelpunktstellung der Bibel als ein theologisches Selbstmissverständnis bezeichnet hat, das didaktisch nicht zu rechtfertigen sei. Stattdessen sollen nun ethische und soziale sowie politische Fragen eine Rolle spielen. Obwohl es sehr unterschiedliche Autoren gibt, so kann man doch – wie es Nipkow (1963, 1975a, 1975b, 1982, 1990) formuliert – die »Eröffnung von Freiheit« als ein gemeinsames Ziel des problemorientierten Unterrichts und seines emanzipatorischen Ansatzes ansehen.

Auch der problemorientierte Ansatz rekurriert auf Entwicklungen der allgemeinen didaktischen Diskussion. Die Qualifizierung für zukünftige Lebenssituationen wird dort als Grundaufgabe von Schule herausgestellt. Auf diesem Hintergrund fragte Kaufmann, welche Qualifikationen der Religionsunterricht für die Bewältigung zukünftiger Lebenssituationen liefern könne. Augenscheinlich sind hier die Parallelen zur späteren Forderung einer Kompetenzorientierung des Religionsunterrichts (Kapitel 5). Nipkow verwies darauf, dass in allen historisch-gesellschaftlichen Situationen immer auch Wert- und Normfragen zu beantworten seien, und sieht hier das spezifische Aufgabengebiet des Religionsunterrichts. Zentraler Punkt des Paradigmenwechsels wurde jetzt die Abkehr von der Fixierung auf die Vergangenheit und die Hinwendung zur Zukunft.

Wesentliche Impulse erhielt das Konzept durch Peter Biehl (1931-2006), der später zum führenden Vertreter der Symboldidakik (Biehl 1989b, Biehl/Baudler 1980) wurde. Nach seinen Vorstellungen solle der Unterricht 1. helfen, religiöse Vorstellungen zu ordnen, 2. relevante gesellschaftliche und ethische Probleme identifizieren und analysieren, 3. kritisch über den christlichen Glauben informieren, 4. angemessene Problemlösungen bei den Schülerinnen und Schülern initiieren und 5. ihnen den reflektierten Umgang mit Religion ermöglichen.

Karl Ernst Nipkow (1928-2014) legte mit seinem Konvergenzmodell die theoretischen Grundlagen für den problemorientierten Ansatz und entwickelte zugleich für die Unterrichtspraxis das sogenannte Kontextmodell. Dem Konvergenzmodell zufolge sei es die Aufgabe der Lehrenden, theologische Aussagen jeweils unter pädagogischen Kriterien zu betrachten und umgedreht pädagogische Theorien theologisch zu hinterfragen. Dem Kontextmodell zufolge beruhe der Religionsunterricht auf zwei didaktischen Grundtypen: So habe zum einen die biblisch-theologische Tradition Berücksichtigung zu finden, zum anderen seien von den Gegenwartsproblemen ausgehend die Traditionen zu befragen, um dort nach möglichen Problemlösungen zu suchen. Den ersten Typ des Unterrichtes nennt Nipkow »Unterricht in Religion«, der zu einem denkenden Glauben führen soll, den zweiten Typ »Unterricht über das Christsein und Menschsein in der Gegenwart«, der ausgehend von einer Gegenwarts- und Zukunftsanalyse für das Leben in Kirche und Gesellschaft qualifiziert. Letzteres Ziel vertritt auch Siegfried Vierzig, der das problemorientierte Konzept zunächst zum »Unterricht in Religion« weiterentwickelte, um es dann in das Konzept eines Kritischen Religionsunterrichts zu überführen.

4.2.5 Korrelationsdidaktik

Die sogenannte Korrelationsdidaktik macht von Nipkows Konvergenzmodell Gebrauch. Sie ist die klassische Didaktik des katholischen Religionsunterrichts und besagt in ihrem Kern, dass Religionsdidaktik auf unterschiedlichen Ebenen Korrelationen zwischen der Lebenswelt von Kindern und Jugendlichen auf der einen und dem christlichen Glauben auf der anderen Seite herstellen will. Theologisch geht der Begriff Korrelation auf Paul Tillich und Karl Rahner zurück. Gott bietet die angemessene Antwort auf die Frage des Menschen nach sich selbst, und in der menschlichen Existenz sind immer schon gewisse Zeichen der Antwort vorhanden. Deshalb ist Korrelation möglich – auch religionsdidaktisch.

Die korrelative Religionsdidaktik konkretisiert sich zunächst in Lehrplänen wie den Zielfeldern für die Grundschule von 1977. Hier werden Elemente der Lebenswelt mit biblisch-theologischen Grundgedanken so verbunden, dass diese ihrerseits auf die Lebenswelt einwirken und den kindlichen Weltumgang produktiv verändern. Man unterscheidet – je nach der Nähe zum einen oder zum anderen Korrelationspunkt – verschiedene Typen der Korrelation, die – unterrichtsplanerisch – mit unterschiedlichen elementarisierenden Zugängen verbunden werden können.

4.2.6 Kritischer Religionsunterricht – Sozialisationsbegleitender Religionsunterricht – Symboldidaktik

4.2.6.1 Kritischer Religionsunterricht

»Unterricht in Religion« klingt zwar nach »Religionskunde«, aber eben dies will dieses Konzept nicht sein. Religion wird hier verstanden als eine ontologisch-anthropogene Grundbefindlichkeit (Halbfas), als eine Tiefendimension des Menschseins und/oder als ein soziales Phänomen (Vierzig). Während Vierzig sein Konzept – wegen der gesellschaftlichen Dimension – zu einem ideologiekritischen weiterentwickelte, ging Halbfas bald über das Konzept »Unterricht in Religion« hinaus und entwickelte dann eine Symboldidaktik. Wie Halbfas orientiert sich auch Vierzig zunächst am Religionsbegriff von Paul Tillich. Er ging davon aus, dass letztlich jeder Mensch aus sich heraus nach dem Sinn seines Seins fragt, und diese Frage sei grundsätzlich eine religiöse. Deshalb müssten Kinder lernen, diese Frage richtig zu stellen: was ist wahr, was ist richtig, was ist sinnvoll, was ist in meiner Zukunft bedeutsam? In Anlehnung an die Curriculumtheorie mit ihrer Forderung nach operationalisierbaren Lernzielen (Lernzieltaxonomie) definierte Vierzig Global- und Leitziele für einen Unterricht in Religion. Durch den religionssoziologischen Aspekt seines Ansatzes vorbereitet, modifizierte Vierzig (1975) dann seine Religionspädagogik im Sinne eines ideologiekritischen Religionsunterrichts. In diese Richtung entwickelte sich auch der kritische Ansatz Ottos (1972, 1974, 1986, Otto u. a. 1972) aus seiner eigenen hermeneutischen Konzeption heraus. Otto wollte die Hermeneutik im Grunde von einer Verengung befreien und die Situation der Schülerinnen und Schüler in ihren tatsächlichen sozialen Dimensionen ernst nehmen. Neben die existentiale Selbstinterpretation trat daher die kritische

Interpretation der sozialen Lebenswelt. Otto geht ging dabei stärker als Vierzig von einer Gegenwartsdiagnose aus. Religion sei in der Gesellschaft zwar allgemein präsent, stünde aber in einem problematischen Verwertungszusammenhang, nämlich als »Gesellschaftskitt«. Durch sein kritisches Konzept sollten die gesellschaftskritischen Impulse der jüdisch-christlichen Tradition reaktiviert werden, wie sie z. B. in der prophetischen Sozialkritik und in Leben und Lehre Jesu zu finden sind. Eine solche Kritik dürfe auch nicht vor Kirche und Christentum Halt machen.

Diese Ansicht findet sich auch bei Vierzig, der »Ideologiekritik als durchgängiges Unterrichtsprinzip« (Vierzig 1975, 151) für den Religionsunterricht forderte: Generell könne man Ideologien als Vorstellungen und Werte verstehen, die durch die jeweils herrschenden sozialen Verhältnisse geprägt würden, sich über Erziehung und Sozialisation in den Köpfen der Menschen festsetzten und deren Meinen und Handeln bestimmten, ohne dass der einzelne sie überprüft habe.

Bei Vierzig sind die Spuren der allgemeindidaktischen Curriculumdiskussion (die die Schülerinnen und Schüler für die kompetente Teilhabe am zukünftigen Leben in der Gesellschaft, aber auch in der Arbeits- und Kulturwelt ermächtigen möchte) besonders deutlich spürbar, denn er fragt, welche zukunftsträchtigen Grundqualifikationen ein Religionsunterricht vermitteln könnte. Dabei nennt er Sprachkompetenz, Sachkompetenz, Kommunikationskompetenz und Handlungskompetenz. Bei Vierzig finden sich bereits Vorläufer des heutigen Konzepts eines kompetenzorientierten Religionsunterrichts (Büttner u. a. 2015, Fischer/Elsenbast 2006, Obst 2008, Schwab 2018) sowie Parallelen zum aktuellen Kompetenzstrukturmodell (vgl. EKD Texte 2011, 111).

4.2.6.2 Sozialisationsbegleitender Religionsunterricht

Mit dem Ansatz Kritischer Religionspädagogik sachlich verbunden ist das Konzept des Sozialisationsbegleitenden Religionsunterrichts. Schon Otto verwies auf die negativen Folgen, die eine falsche religiöse Sozialisation zeitigen kann, und diese Sichtweise teilt auch Dieter Stoodt (1972, 1975a, 1975b) als Vertreter dieses Neuansatzes. Dabei argumentiert Stoodt auf religionspsychologischer Basis. Im Entdeckungszusammenhang seiner Konzeption bleiben soziologische Erkenntnisse für die religionspädagogische Begründung relevant, für den unterrichtspraktischen Teil hingegen eher psychologische. Deshalb kann sein Konzept auch als »therapeutischer RU«

bezeichnet werden. Für Stoodt werden Kinder und Jugendliche in ihrer Sozialisation zu Fehlformen von Religiosität verführt. Der Religionsunterricht soll diese falschen Verhaltensmuster reversibel machen, um authentisches Verhalten in Sachen Religion zu ermöglichen. Dazu muss die Lebensgeschichte und Sozialisation der Schülerinnen und Schüler aufgearbeitet werden. Stoodt unterscheidet zwischen einer falschen systemstabilisierenden Religion (Religion 1) und einer wahren, befreienden Religion (Religion 2). Durch Religion 1 werde Religion 2 um ihre eigentlich emanzipatorische, menschenfreundliche Wirkung gebracht; sie werde quasi neutralisiert – und diese Neutralisierung gelte es aufzuheben. Als Zentrum von Religion 2 gilt Stoodt die Lebenspraxis Jesu. Von ihr her werden die leitenden Bildungsziele genannt: Hilfe zur Selbstfindung, Hilfe zur Solidarisierung, Hilfe zu stellvertretendem Handeln und Hilfe zu alternativem Denken.

Das Konzept hat zwar eine gewisse therapeutische Ausrichtung, will aber keinen therapeutischen Religionsunterricht im engeren Sinne befördern; vielmehr spielen z. B. gruppendynamische und psychodynamische Methoden eine Rolle, die Verhaltensmodifikationen unterstützen. Um mögliche Missverständnisse zu vermeiden, nannte Dieter Stoodt sein Konzept »Sozialisationsbegleitenden Unterricht«.

4.2.6.3 Symboldidaktik

Wie viele neuere Konzeptionen versteht sich die Symboldidaktik als Weiterentwicklung der »traditionellen« Ansätze (Kapitel 4.2.1 bis 4.2.4). Halbfas spricht metaphorisch von einem »dritten Auge«, mit dem der Mensch in die Tiefe seines Seins schauend vordringen kann. Neben Tillich ist für die Symboldidaktik vor allem die Psychologie C.G. Jungs und dessen Symbolverständnis bedeutsam. Im Zentrum des Konzepts steht der Erfahrungsbegriff: Schülerinnen und Schüler sollen Erfahrungen mit der Tiefendimension ihres eigenen Seins, mit der »Transzendenz ihres eigenen Wesens«, machen. Dazu müssten sie allerdings erst geschult werden, denn dem modernen Menschen sei diese Erfahrungsdimension verloren gegangen. Tiefgreifende Erfahrungen müssten sich narrativ erschließen. Folgerichtig geht es in diesem religionsdidaktischen Ansatz vor allem darum, die Begegnung mit erfahrungsgesättigten, bildhaften Inhalten insbesondere der Bibel zu ermöglichen. Wichtig dabei sind die in den Mythen gespeicherten Symbole, über die ein Zugang zum tieferen Verständnis der biblischen Überlieferung möglich ist. Die Sprache der Symbole müssten Kinder, die in einer rationalen, digitalen Sprachwelt aufwachsen, jedoch erst wieder lernen.

Peter Biehl lehnt als ein prominenter evangelischer Vertreter dieser Richtung die Forderung nach Remythisierung jedoch ab und entwickelt eine kritische Symbolkunde. Auf katholischer Seite hat Anton Bucher das Konzept einer ästhetischen Symbolerziehung vorgelegt, die die Symbolisier-Fähigkeit der Kinder fördern will. In der semiotisch ausgerichteten Zeichendidaktik von Michael Meyer-Blanck kann man ebenfalls eine Weiterführung der Symboldidaktik sehen. Dieser schließt in mancherlei Hinsicht an die sogenannte ästhetische Wende in der Religionspädagogik an und will sich der metaphysischen Sichtweise kulturhermeneutisch annähern. Im Zentrum steht hier das Anliegen, die in der Kultur verwobenen Zeichen aufzuspüren und zu rekonstituieren, ihr also wieder zu Wirksamkeit im eben beschriebenen Sinne zu verhelfen.

4.3 Aktuelle Tendenzen

In der Vergangenheit wie heute geben religionspädagogische Konzeptionen religiöser Bildung dem Religionsunterricht eine theologisch, geschichtlich und sozialkulturell bedingte öffentliche Gestalt und begründen derart die Organisation religiöser Bildung. Früher wie heute stehen Konzeptionen dabei tendenziell nebeneinander und reflektieren die plurale (religionsdidaktische) Realität (Kalloch u. a. 2014). Dabei finden sich im Grunde für alle Konzeptionen der Vergangenheit mehr oder weniger modifizierte Nachfolger. Vor allen Dingen der thematisch problemorientierte Religionsunterricht ist weiterhin eine gefragte Konzeption (Knauth 2018). Auch die Evangelische Unterweisung ist in Fragmenten noch vorfindlich. Allerdings vertritt kein Religionsdidaktiker heute noch ein reines Autarkie-Modell, wie wir es in der dialektisch fundierten Religionsdidaktik gefunden haben. Demgegenüber bleibt eine bildungstheoretische Begründung des Religionsunterrichts notwendig, die diesen in ein Gesamtbildungskonzept für Schule einbettet. Seit dem hermeneutischen Ansatz sind alle Konzeptionen dieser Einsicht verpflichtet.

Auf der anderen Seite treten aber auch Konzeptionen auf, die den Anspruch auf Originalität erheben und die traditionellen Ansätze in spezifischer Form überbieten wollen. Hier wäre vor allen Dingen der performative Ansatz zu nennen, ebenso wie – in besonderer Hinsicht – kompetenzorientierte religiöse Bildung. In der Tat bestimmen Begriffe wie ›Bildungsstandards‹ und Kompetenzen zurzeit die Diskussion in Pädagogik und Religionspädagogik, vor allem aber die Lehrpläne in den deutschen Bundesländern sowie in vielen weiteren Ländern Europas. Gefordert sind unter anderem Fachkompetenz, religiöse oder soziale, personale und eben auch methodische Kompetenzen. Der Begriff der Kompetenz ersetzt insgesamt zunehmend den der (Unterrichts-)Intentionen und (Unterrichts-)Ziele, weil er lebensnäher und lebenspraktischer sei. So begründet Baumert den genuinen Beitrag religiöser Bildung damit, dass Religion wie Philosophie eine konstitutive Rationalität repräsentieren, die andere Rationalitäten (kognitive der Naturwissenschaften, ästhetische der Sprache, Kunst und Literatur sowie normativ-evaluative der Geschichte, Ökonomie oder Politik) ergänzt (Baumert 2002, 106-108). Zudem – so lautet ein weiteres Argument – ließen sich Kompetenzbeschreibungen genuin mit Inhalten verknüpfen, an die sie gebunden seien. »Bildungsstandards sind normative Setzungen, die präzise definieren, was von den Schüler/innen erwartet wird. Sie sind klare und verbindliche Anforderungen« (Fischer/Elsenbast 2006, 10), heißt es z. B. auf evangelischer Seite, für die die EKD »Kompetenzen und Standards« (EKD Texte 111, 2011, 109) formuliert hat. Ganz ähnlich lauten auch die normativen Richtlinien der deutschen Bischöfe vom September 2004: »Bildungsstandards konkretisieren allgemeine Ziele eines Faches, indem sie die Kompetenzen und Wissensbestände ausweisen, die Schülerinnen und Schüler zu einem bestimmten Zeitpunkt (...) erworben haben sollen. Sie umfassen realistisch erreichbare Ziele und sind allgemein verständlich und verbindlich formuliert«. (Deutsche Bischofskonferenz 2006, 9)

Lange vor dieser Debatte sprach der systematische Theologe Eilert Herms bereits 1977 von der theologischen und religiösen Kompetenz: »Kompetentes theologisches Handeln orientiert sich an einer empirisch-funktionalen Theorie ihres Handelns« (Herms 1982, 62). Der Kompetenzbegriff stammt in der Tat aus dem empirisch-funktionalistischen Paradigma, das man teilen, aber auch skeptisch beurteilen kann. Von seiner Genese her bezeichnet der Kompetenzbegriff nämlich ein systemfunktionales Handeln, wobei das Individuum als Funktion in einem System – sei es ökonomisch, politisch, kulturell oder eben auch kirchlich-religiös – verstanden wird.

Die Leistungsfähigkeit des Individuums wie auch die seiner Umwelt materialisiert sich in vielerlei Hinsicht in Kompetenzen. So versuchen die viel diskutierten OECD-Studien etwa jene grundlegenden Kompetenzen zu messen, die man besitzen muss, um die Aufgaben unserer Gesellschaft befriedigend bewältigen zu können. Sofern das Individuum für sich selbst Kompetenzen entwickelt, spricht man folgerichtig von der Selbstkompetenz des Subjekts. Diese Kompetenz spezifiziert sich weiter, z. B. als Reflexions- und Beurteilungskompetenz oder als Beobachtungs- und Mitgefühlskompetenz oder als kritische Handlungs- und Lebenskompetenz. Enger wird der Kompetenzbegriff verstanden, wenn er – wie in manchen Lernplänen – auf Methodenkompetenz reduziert wird. So fordert die EPA (Einheitliche Prüfungsanforderungen in der Abiturprüfung) für den katholischen Religionsunterricht »das Lernen von Methodenwissen (u. a. hermeneutische und empirische Verfahrensweisen, Methoden der Schriftauslegung, religiöse Sprache und Sprache der Theologie)« (EPA Katholische Religionslehre nach dem Beschluss der KMK vom 1.12.1989 i. d. F. vom 16.11.2006). Es ist augenfällig, dass hier so etwas wie ein methodisch-theologisches Propädeutikum intendiert ist, das Kompetenzen für den Umgang mit vorgegebenen theologischen Sachverhalten schaffen soll.

Fraglich ist dabei allerdings erstens, ob diese methodische Kompetenz wirklich auch eine genuin religiöse Kompetenz sein kann. Überhaupt dürfte es nach wie vor schwierig sein, die religiöse Kompetenz tatsächlich in Analogie zu den Kompetenzdefinitionen anderer Fächer zu operationalisieren. Obst (2015) bestreitet das und andere Kritiker betonen eine unüberwindbare kategoriale Differenz zwischen Religion und Kompetenz (Obst 2015, 21f). Fragwürdig ist zweitens, dass vorgegebene Kompetenzen offensichtlich vor Inhalten Vorrang haben. Eine stark kompetenzorientierte Religionsdidaktik will Lernumfelder und Anforderungssituationen schaffen, in denen Schülerinnen und Schüler ihre Kenntnisse, Fertigkeiten und Fähigkeiten weiterentwickeln können.

Kritisch ist jedenfalls zu bedenken, dass die sozialethischen und politischen, sowie die sozialisationstheoretischen Elemente, die die älteren Konzeptionen ganz wesentlich bestimmten und die Adressaten religiöser Bildung zu Subjekten dieses Prozesses machten, im Rahmen der Kompetenzorientierung Gefahr laufen, unterlaufen zu werden. Der kompetenzorientierte Ansatz könnte durchaus anderes leisten, wenn er Kompetenzen von der Lebenswelt der Kinder und Jugendlichen und von deren prognostizierbarer Zukunft her entwickeln würde – und dies unter Gesichtspunkten, die das Subjekt als Mittelpunkt aller Bildungsprozesse verstehen.

Unklar ist und bleibt bislang, wie sich kompetenzorientiert strukturierte religiöse Bildung zu anderen Entwicklungen verhält, z. B. zum performativen Ansatz (Klie/Leonhard 2003, Leonhard 2006), und welche Wechselwirkungen sich daraus womöglich ergeben. In der explizit religionsdidaktischen Diskussion erscheint die performative Religionsdidaktik zunächst als plausibles Konzept im Kontext zunehmender Säkularisierung sowie Individualisierung und Privatisierung von Religion. So ordnet sich diese Konzeption in die nachempirische ästhetische Wende der Religionspädagogik ein und spielt mit Facetten von Postmoderne und Konstruktivismus (Kapitel 1.8). Die performative Religionsdidaktik möchte Religion und Spiritualität erlebbar machen. Die Fixierung auf die Bibel als Methode, Medium und Inhalt des Unterrichts soll überwunden werden durch das, was innerhalb einer performativen Religionspädagogik »Inszenierungsreligion« (Klie 2006, 107) genannt wird. Eine expressive Kommunikation im Religionsunterricht soll zugleich auch die ästhetische Dimensionen der Religion erschließen.

Nicht gänzlich unverwandt mit dem performativen Ansatz ist deshalb die »ästhetische Wende«, wie sie vor allem J. Kunstmann (2002) ausgerufen hat. Performative wie ästhetisierende Ansätze zielen auf eine methodisch gebrochene Präsenz des Religiösen im Unterricht. In ihrer Begründung greift die ästhetische Religionspädagogik auf Schleiermachers Vorstellung zurück, dass man das Unendliche nur anschauend begreifen könne. Neben Schleiermacher ist der Systematiker H. Timm für den Ansatz bedeutsam, denn Timm sieht im Ästhetischen eine dritte, höhere Dimension neben dem Dogmatischen und Ethischen. Diese beiden Disziplinen waren aber – wie gesehen – in je eigener Weise Hintergründe der traditionellen Konzeptionen, die durch diesen Zugang nun ästhetisch ausgestaltet werden sollen. Zugleich würde die Religionspädagogik als ästhetische Didaktik Anschluss an das postmoderne Selbstverständnis (Kunstmann 1997) gewinnen. Kunstmann fordert daher eine »Wahrnehmungsdidaktik« und »eine deutliche Abkehr von einer inhalts- und problemorientierten religiösen Didaktik« (Kunstmann 2004, 343).

Der performative wie der kompetenzorientierte Ansatz sind in der aktuellen pädagogischen Diskussion relativ präsent; Gleiches gilt für ästhetische Ansätze in diversen Ausprägungen. Weniger diskutiert wird die konstruktiv-kritische Religionsdidaktik (Lämmermann 2005), die die Tradition des kritischen Religionsunterrichts aufnimmt. Sie geht davon aus, dass der Religionsunterricht nur dann in der Schule einen legitimen Ort findet, wenn er sich ganz konsequent von der Lebenswirklichkeit der Schülerinnen und Schüler her bestimmt. Die konstruktiv-kritische Didaktik ist also stark am Selbstverständnis der Jugendlichen orientiert und will ihnen helfen, selbstkritisch ihr eigenes Bewusstsein zu reflektieren. Diese kritische Fähigkeit wird vor allem von den Lehrpersonen gefordert, die eine Ideologiekritik der Lebenswelt, aber auch der gesellschaftlichen Institution Schule im Blick haben.

Der Ansatz geht weiter davon aus, dass Kinder nur dann zu handlungsfähigen und selbstbewussten Persönlichkeiten werden können, wenn sie alle äußeren Faktoren ihrer Lebenswelt reflektierend analysieren und selbstbewusst gestalten. Diese Didaktik ist – im Gegensatz zu den Aneignungsdidaktiken – eine Ermöglichungsdidaktik, die nicht festlegen, sondern kreativ eigene Lernwege, Einsichten und Orientierungen eröffnen will. Das Konzept hat eine gewisse Nähe zum sogenannten ›systemisch-konstruktivistischen‹ Ansatz, der nicht nur in der Allgemeindidaktik, sondern jüngst auch zunehmend in der Religionsdidaktik rezipiert wird (Mendl 2005; Domsgen 2009). Die Faszination einer systemisch-konstruktivistischen Didaktik und Pädagogik für die Religionspädagogik sehen ihre Vertreterinnen und Vertreter darin, die Religionspädagogik an neuere bildungspolitische und kulturelle Entwicklungen anzupassen und den Herausforderungen der Ära nach den Pisa-Studien begegnen zu können. Schülerinnen und Schüler sollen aktiviert werden, Lebenswelt und -geschichte zu integrieren, Lernprozesse zu individualisieren und Kommunikationsfähigkeit zu stärken, wie dies auf andere Weise auch die anderen Konzeptionen im Sinn haben. Der Konstruktivismus sieht dabei jedoch im einzelnen Subjekt die konstruktive und legitime Instanz seiner Weltwahrnehmung. Es gibt keine objektiven, ontologischen Wahrheiten und keine festgefügten Wissensbestände, sondern nur subjektive Konstruktionen. Unter Anlehnung an neurobiologische Überlegungen wird von einer Prädominanz des Emotionalen ausgegangen: aus Gefühlen erwachsen – so die Behauptung – überhaupt erst die Anreize, sich mit etwas zu beschäftigen.

Die ›systemisch-konstruktivistische Didaktik‹ (K. Reich) begreift sich dabei als die eigentliche Didaktik der Postmoderne und als eine Ermöglichungsdidaktik, die den autodidaktischen Fähigkeiten des Subjekts Unterstützung bietet. Inhalte oder Ziele ergeben sich erst durch die konstruktive und dekonstruktive Tätigkeit der am Unterricht Beteiligten. Die konstruktivistische Didaktik geht insofern von der Erkenntnis aus, dass wir stets nur in Beziehungen leben und lernen können; insofern ist sie interaktionalistisch ausgerichtet.

Augenscheinlich stellen sich für religiöse Bildung unter gegenwärtigen Bedingungen besondere Herausforderungen. So gilt es auch hier, angesichts postmoderner Freiheit und Beliebigkeit eine begründete Balance zwischen einer an Ästhetik und Performanz orientierten und einer eher analytisch-kritisch an der Lebenswelt orientierten Bestimmung von religiöser Bildung zu finden – und dies im Wechselspiel des bildungspolitischen Anspruchs von Kompetenzorientierung bei gleichzeitiger Zentralstellung einer theologisch begründeten Orientierung am Subjekt. Der Religionslehrkraft kommen hierbei besondere Bedeutung und Verantwortung zu. Als archimedischer Punkt sieht sich die Lehrkraft daher nicht nur in unterrichtspraktischen Zusammenhängen mit komplexen Herausforderungen konfrontiert, sondern auch im Kontext theoretischer Fundierung religiöser Bildungsprozesse.

5 Praxis des Religionsunterrichts: Religionslehrkraft und Unterrichtsvorbereitung

5.1 Berufsrolle und Selbstverständnis von Religionslehrkräften

Aussagen zum Auftrag und zur Rolle sowie zum Selbstverständnis der Lehrenden im Religionsunterricht finden sich zumeist in den grundsätzlichen konzeptionellen Überlegungen einzelner Ansätze. In den klassischen Ansätzen waren diese Aussagen primär normativ-deduktiv ausgerichtet, während in neuerer Zeit das Selbstverständnis von Lehrerinnen und Lehrern im Fach Religion auch empirisch erforscht wird, um zu ermitteln, inwieweit sich die Einstellungen der Lehrkräfte mit den jeweiligen konzeptionellen Vorgaben decken.

Dabei kommt eine erhebliche Differenz zwischen pädagogischer Theorie und der Schulwirklichkeit ans Licht, der sogenannte »Praxisschock«. Weiter verweisen empirische Studien zur Rolle der Religionslehrkraft auf deren konstitutive Funktion für religiöse Bildung. Schülerinnen und Schüler erinnern sich nach Ende der Schulzeit nur in vergleichsweise geringem Maße an Inhalte des Religionsunterrichts, während die Religionslehrkraft präsent bleibt und zudem wesentlich für die Beurteilung von Religionsunterricht ist (Kliemann/Rupp 2000, 15f).

5.1.1 Historische Aspekte

Im Zusammenhang der liberalen Religionspädagogik sollten Lehrkräfte vor allem starke Persönlichkeiten sein, die das Bildungsziel religiöser Bildung vorbildhaft verkörpern. Im Hintergrund stehen hier philosophische Persönlichkeitstheorien, die eine Prävalenz der Person gegenüber den Inhalten behaupten. Insofern vertritt die Lehrkraft die Relevanz und die Wahrhaftigkeit theologischer Inhalte, während methodische oder mediale Aspekte in den Hintergrund treten (Lämmermann 1994, 56).

Eine solche Sicht findet sich auch in der Gegenwart und der allgemeinen Didaktik, etwa bei Hartmut von Hentig, E. Weniger oder H. Nohls. Für Weniger ist der Lehrberuf vor allem ein Amt, Lehrkräfte sind folgerichtig primär Amtsträger(innen). Damit soll ausgeschlossen sein, dass die Lehrtätigkeit als ein Feld der Selbstverwirklichung von Individuen gilt. Stattdessen ist hier die Lehrkraft Vertreter einer überpersonalen Macht und Funktion, hinter der persönliche Interessen und Eitelkeiten zurückzutreten haben. Zugleich geht damit jedoch auch eine ethische Verpflichtung einher. Das Ethos des Lehrberufs speist sich aus der Autonomie der Pädagogik und diese ihrerseits aus der Verantwortung für Kinder. Deshalb kann der Lehrende auch nicht bloßer Unterrichtsfunktionär sein; vielmehr muss er die relative Autonomie der Pädagogik ins Spiel bringen. Das Lehr-Amt ist insofern nicht primär eine staatliche Beauftragung, sondern es ist auch die Anwaltschaft für das Kind als zukünftige, noch zu bildende Persönlichkeit.

Eigentümlicherweise gilt die besondere Stellung der Lehrkraft auch für die Evangelische Unterweisung und die dialektische Theologie. Gerade weil das Wort Gottes als unverfügbar angesehen wird, tritt die Lehrkraft hier didaktisch als Garant für eine »Verfügbarkeit« des Unverfügbaren ein. Die eigentlich unverfügbare Antwort des Glaubens wird in der Person der gläubigen Religionslehrkraft für die Kinder sichtbar. Im Kontext der Evangelischen Unterweisung ist die Lehrkraft Anwalt der Kirche, denn der Religionsunterricht lebt von der Kirche her und auf die Kirche hin. Das Lehrerbild der Evangelischen Unterweisung ist ambivalent. Einerseits gilt die Lehrkraft im Offenbarungsgeschehen als eine zu vernachlässigende Größe, die eben gerade keine eigenständige persönliche Präsenz beanspruchen kann. Auf der anderen Seite ist es ganz entscheidend, dass sie die Sache mit innerer Entschiedenheit vertritt und ihre Relevanz darin repräsentiert. Die Lehrkraft gilt insofern als eine paradoxe Existenz, die etwas tun muss, was sie überhaupt nicht tun kann.

Im hermeneutischen Ansatz ist gläubige Selbstinterpretation im Sinne der existentialen Interpretation *das* Schlüsselkriterium einer guten Lehrkraft. Stallmann verweist in diesem Kontext auf die Gottebenbildlichkeit des Menschen als Grund der Freiheit und damit als religionsdidaktisches Bildungsprinzip. Indem der Lehrende sich selbst so versteht, kann er Kinder anregen, sich diesem Bildungspotenzial gegenüber zu öffnen. Fachlich ist die Religionslehrkraft primär Philologe, der kritisch mit biblischen Texten umzugehen weiß. Der Schwerpunkt der Lehrerausbildung liegt folgerichtig in der Exegese. Entwicklungspsychologie und Lerntheorie sind in der Ausbildung bloße Hilfsmittel, um das Eigentliche (Methodenkompetenz) zu vermitteln.

Die Kompetenz zu umfänglicher Zeitdiagnostik kennzeichnet hingegen den problemorientieren Ansatz in der Religionspädagogik. Religionslehrkräfte sollten Experten in Lebensfragen sein, psychologisch, soziologisch, pädagogisch und theologisch qualifiziert. Bei letztgenannter Qualifikation sind primär ethische und sozialethische Kenntnisse relevant.

Empirische Untersuchungen zeigen, dass der thematisch-problemorientierte Ansatz und sozialethische Themen nach wie vor unter Religionslehrkräften besonders beliebt sind. Solche Themen bieten die Möglichkeit der Rollendistanzierung, die das genaue Gegenteil der personalen Vorbildlichkeit gelebten Glaubens ist, wie wir sie in der evangelischen Unterweisung vorfanden, aber auch in der liberalen Religionsdidaktik.

In pädagogischer Perspektive ist festzustellen, dass Rollendistanzierungen den Schülerinnen und Schülern eine stärker reflektierende Auseinandersetzung mit Unterrichtsinhalten ermöglichen. Andererseits erwarten Kinder gerade im Religionsunterricht authentische und empathische Lehrkräfte, die einfühlsam und achtsam mit ihnen umgehen. Dies ist jedoch deutlich von einem reinen ›Wohlfühlklima‹ abzugrenzen, denn Kinder erwarten auch einen qualitativ hochwertigen Unterricht, der gegenüber anderen Fächern nicht abfällt (Kliemann/Rupp 2000).

Diese empirischen Einsichten relativieren auch das Lehrerbild des Konzepts »Unterricht in Religion« und des therapeutisch-sozialisationsbegleitenden Religionsunterrichts. Im erstgenannten Konzept haben sich die Lehrkräfte als genuin religiöse Wesen, als »homo religiosus« einzubringen. Das gilt auch für die Symboldidaktik nach Halbfas. Die »religiöse Leidenschaft« wird hier geradezu zum konstitutiven Merkmal einer guten Lehrkraft, ebenso wie ein ausgeprägtes »mythologisch-hermeneutisches Bewusstsein«, um Hintersinn, Zwischentöne und das Unsagbare selbst empfinden und vermitteln zu können (Lämmermann 1994, 166). Im therapeutischen bzw. sozialisationsbegleitenden Ansatz haben Lehrende primär die Rolle eines Schulseelsorgers; entsprechend sollten sie vor allem über therapeutisch-diagnostische Kompetenz verfügen. Ähnlich wie in der Symboldidaktik sollen sie Fehlhaltungen erkennen und mit Hilfe gruppendynamischer und sozialtherapeutischer Verfahren therapieren bzw. in Begegnung mit religiösen Symbolen in konstruktiv-produktive Bahnen lenken. Nicht zuletzt müssen die Lehrkräfte dafür über die rituellen und ästhetischen Kompetenzen verfügen, zu denen sie bilden wollen.

Die kritischen Paradigmen fordern von Lehrenden die Fähigkeit zu Selbstkritik. Sodann müssten sie als kritische Zeitgenossinnen und -genossen die politischen, gesellschaftlichen, technologischen und wirtschaftlichen Entwicklungen in angemessenen Kategorien wahrnehmen. Dazu sollten sie gewisse Grundkenntnisse auf diesen Gebieten mitbringen. Ebenfalls wünschenswert ist die Bereitschaft, für eine wehrhafte Demokratie einzustehen.

5.1.2 Religionslehrkräfte zwischen Rolle und Person

Die enorme Bandbreite von Anforderungen an eine Religionslehrkraft, wie sie sich in historischen Modellen findet, verweist auf das komplexe Berufsprofil von Religionslehrerinnen und Religionslehrern. Weiter steht zu vermuten, dass diese Komplexität durch die Bedingungen der Postmoderne (Kapitel 1.8) noch gesteigert wird. Nicht zuletzt führen diese neben weiteren Faktoren nämlich zu einer andauernden Legitimationskrise des Religionsunterrichts in einer überwiegend säkularen Gesellschaft sowie sich abzeichnenden neuen Orientierungen des Fachs (Kapitel 6). Eigentümlich unberührt scheint davon jedoch zunächst die Religionslehrkraft selbst, für die bereits am Eingang dieses Abschnitts eine herausragende Bedeutung für das Fach festgehalten war (s. o.).

Gerechtigkeit, Unterstützung, Empathie und Sachkenntnisse sind die vorrangigen Kriterien, unter denen Schülerinnen und Schüler Lehrkräfte wahrnehmen und beurteilen. Gegenüber anderen Fachlehrkräften scheinen Religionslehrkräfte einen Vertrauensvorschuss zu haben. Signifikant häufiger als andere werden sie Vertrauenslehrerinnen und -lehrer. Dahinter steht offensichtlich auch ein Interesse an partieller Seelsorge, das von der etablierten Schulseelsorge nicht erreicht wird. Vorteil der Religionslehrkraft in dieser Hinsicht ist, dass die Schülerinnen und Schüler sie im Unterricht beobachten und einschätzen konnten. Negativ wirkt sich allerdings aus, wenn Lehrkräfte als Vertreter partikularer Kircheninteressen gesehen werden. Zwar wird durchaus goutiert, wenn sich Lehrkräfte in der Gemeinde engagieren, aber das ist nur als Hintergrundinformation wichtig. Schülerinnen und Schüler erwarten vom Religionslehrer bzw. der Religionslehrerin beides: Rollenerfüllung und Persönlichkeit.

Der Begriff der Person ist eher ein psychologisch-philosophischer, der der Rolle hingegen eine soziologische Kategorie. Deshalb ist es verständlich, dass die Umorientierung der Pädagogik von der geisteswissenschaftlichen hin zur erfahrungswissenschaftlich-soziologischen Tradition auch den Begriff der Rolle gegenüber dem der Person stärkte. Menschen können in unterschiedlichen sozialen Zusammenhängen ganz unterschiedliche Rollen spielen, definiert als Bündel generalisierter Erwartungen derjenigen, die mit der Rolle umzugehen haben. Diese Erwartungen können nun mit der Person des Menschen entweder in Übereinstimmung gebracht werden, oder aber die Person wechselt ihre Erscheinungsform jeweils nach den Maßgaben der jeweiligen Rolle. In diesem letzten Fall spricht man dann psychologisch von einer sog. Rollenidentität: Der Mensch ist mit der jeweils gespielten und geforderten Rolle vollständig oder zumindest weitgehend identisch und hat dabei nur geringe Verbindungen zu den anderen Rollen, die er in anderen Kontexten dann auch jeweils identisch spielt. Rollenidentität besagt also, dass ein Mensch je nach Situation von einer Rolle in die andere springt, ohne dass zwischen diesen verschiedenen Rollen Interpretationszusammenhänge hergestellt werden, da dies zu *Interrollenkonflikten* führen könnte. So kann eine Lehrkraft in der Schule »ganz Lehrer«, zu Hause ganz »liebevoller Vater«, in der Kommunalpolitik ganz »knallharter Parteistratege« usw. sein.

Wenn man sich in der Literatur zur Rolle von Religionslehrkräften umsieht, entdeckt man Bilder, Metaphern und Bestimmungen, hinter denen jeweils unterschiedliche Zugangsweisen stehen. Neben oben beschriebenen historisch gewachsenen Zuschreibungen sieht man heute in einer Religionslehrkraft einen »lockeren Lehrer«, eine »Classroom Managerin«, »einen Beamten mit viel Ferien«, »einen besonders gebildeten Menschen«, »einen naiven Menschen« und vieles mehr. Die Rollentheorie geht davon aus, dass die Gesellschaft ein Geflecht von unterschiedlichen Positionen darstellt und die Kraft hat, den einzelnen Menschen in spezifische Positionen (»Rollen«) einzufügen. Rollen hängen also erstens von sozialen Positionen ab, die ausgefüllt werden müssen, damit das System funktioniert. Zweitens sind diese Positionen definiert durch ein Bündel von Erwartungen, die die unterschiedlichen Institutionen und Personen an die Träger dieser Position richten. Wesentlich an einer Rolle ist also, dass die Rolle jeweils durch Rollenzuschreibungen vorab definiert ist. Die verschiedenen Rollenzuschreibungen können natürlich differieren. Aus dieser Bandbreite ergibt sich die Möglichkeit, für die eigene Rolleninterpretation bestimmte Segmente der Erwartungen zu selektieren. Orientiert man sich z. B. primär an den kirchlichen Erwartungen, so wird man seine Rolle als Religionslehrkraft in Richtung eines kirchlichen Auftrages interpretieren. Stehen die Erwartungen von Kindern und Eltern im Vordergrund, so wird man eher schülerorientiert sein – wobei insbesondere hier die Erwartungen ausgesprochen heterogen sind und von einem angenehmen Unterricht mit geringem Anspruch bis hin zur Vorstellung einer christlichen Katechese reichen. Versteht man sich als Repräsentant der Erwachsenenwelt überhaupt, dann wird man diese zum Zuge bringen. Die Bandbreite der Rolleninterpretation ist also durch die Bandbreite der herangetragenen Erwartungen an eine Position begrenzt; wer das nicht akzeptiert und realisiert, der »fällt eben aus der Rolle heraus«.

Neben der komplexen Anforderung, die Balance in der Erfüllung von Rollenerwartungen und eigenen Interpretationen der Rolle als Religionslehrkraft zu finden, werden von Religionslehrkräften auch spezifische Kompetenzen erwartet. Neben Professionswissen, das theologisches Fachwissen sowie pädagogisches und didaktisches Knowhow umfasst, sollen Religionslehrkräfte in der Lage sein, ihre Rolle, Persönlichkeit sowie Überzeugungen und Werthaltungen zu reflektieren. In unterrichtspraktischer Perspektive sollen sie außerdem über eine ausgeprägte Gestaltungs- sowie über Dialog- und Diskurskompetenz verfügen (Pirner, 2012a) sowie über didaktische Kompetenz (Schlag, 2012). Ritter schlägt vor, für Religionslehrkräfte Aufgabenfelder zu definieren, vor deren Hintergrund sich ein synthetisches Anforderungsprofil ergibt (Ritter, 2014).

Sie sollen im Kontext von Lebens-, Lern- und Glaubenshilfe als Dimensionen religiöser Bildung Glauben anhand von Inhalten, Handlungen und Positionen erschließen. Dabei gilt es unter anderem, Schülerinnen und Schülern zu eigenen Positionen zu verhelfen und eigenen Glauben sichtbar werden zu lassen. Neben eine sachlich materiale Komponente tritt also augenscheinlich eine personale, die weiter explizit im Kontext von Lebenshilfe wird. Religionslehrkräfte sollen heute ein spezifisches Verhältnis zur Religion repräsentieren, das sich weniger durch charismatische Repräsentanz auszeichnet als vielmehr durch eine in Freiheit und Verantwortung reflektierte Positionierung, die authentisch in religiöse Bildungsprozesse einfließt.

5.2 Unterrichtsplanung und -vorbereitung

Jede, die schon einmal vor einer Klasse stand, weiß: Der Unterrichtsplanung und -vorbereitung sind empirisch evidente Grenzen gesetzt. Unterricht ist als situatives, interpersonelles Interaktionsgeschehen nur begrenzt vorhersehbar und entzieht sich daher immer, auch bei bester Analyse der Situation, der absoluten Planbarkeit. Hinzu kommt, dass mit der Orientierung am Subjekt (Kapitel 2) die Etablierung spezifischer Unterrichtsprinzipien einherging – Selbsttätigkeit, Differenzierung, Ganzheitlichkeit u. a. –, die das Unterrichtsgeschehen weiter unvorhersehbar machen. Für den Religionsunterricht kommt noch hinzu, dass er Dimensionen des Menschseins anspricht, die in besonderem Maße unverfügbar sind: Glaubensfragen, Haltungen, religiöse Gefühle oder transzendierende Selbstdeutungen. Neben pädagogischer Theorie und empirischer Evidenz verdeutlicht insbesondere eine theologische Wahrnehmung von (religiöser) Bildung die Unverfügbarkeit solcher Prozesse. Besonders radikal wurde diese natürlich in der Evangelischen Unterweisung vertreten, die Unterricht als Offenbarungsgeschehen verstand (Kapitel 4.2.2). Aber auch in weniger rigider Sicht bleibt der Hinweis auf die Unverfügbarkeit und Unplanbarkeit von religiösen Erfahrungen, Gefühlen und Positionierungen wichtig.

Bei aller Begrenzung sollte klar sein, dass Unterrichtsplanung und -vorbereitung unverzichtbar sind. Jede(r), die/der schon einmal die sogenannte »Türschwellenpädagogik« erprobt hat, also die Gestaltung des Unterrichts erst bei Betreten des Klassenraums festgelegt hat, weiß um das hohe Risiko, damit zu scheitern. Deshalb zählt es zur Berufsethik einer (Religions-)Lehrkraft, die Sinnhaftigkeit und Notwendigkeit einer begründeten Unterrichtsplanung zu kennen. Für die Unterrichtsplanung und -gestaltung werden gerne Kurzraster oder fertige Handreichungen genutzt. Gerade im Berufsalltag mag dies durchaus sinnvoll sein. Allerdings bedarf es hier eines fundierten Orientierungs- und Urteilsvermögens, das vorgefertigte Konzepte und Unterrichtsbausteine einzuordnen vermag. Ein unreflektiertes Übernehmen birgt nämlich das Risiko, ungewollt Resonanzräume und Bedeutungen in das Unterrichtsgeschehen einzubringen, die dem eigentlichen Anliegen zuwiderlaufen.

Das sogenannte *hidden curriculum* bezeichnet eben dieses Phänomen, dass in der Organisation des Unterrichts, in den formalen Vorgaben, wie Methoden oder Interaktionsformen, heimliche Lernziele versteckt sein können. Unter Umständen stehen diese im Gegensatz zu den beabsichtigen Unterrichtszielen oder sogar den pädagogischen Grundüberzeugungen einer Lehrkraft. So könnten z. B. Frontalunterricht oder lehrerzentrierte Kommunikationsformen zu einer autoritären Haltung führen, obwohl durch den Unterrichtsstoff genau das Gegenteil beabsichtigt ist. Implizite Inhalte und Effekte finden sich zwar auch in den verschiedenen Didaktiken, die hinter den konkreten Planungsschemata stehen, gleichwohl eignen sich didaktische Theorien, um Optionen von Unterrichtsplanung und Gestaltung einzuordnen und kritisch zu reflektieren.

Mit der lerntheoretischen Didaktik wurde die Frage der Methode zu einer basalen didaktischen Entscheidung. Das ging bis zur Behauptung, dass die Unterrichtsplanung primär von Methodenüberlegungen bestimmt sei und Intentionen, Inhalte sowie Medien davon abhängig gemacht werden dürfen, wenn auch nicht müssen. Denn nach Auffassung der lerntheoretischen Didaktik (auch Berliner Didaktik) sind alle vier Entscheidungsfelder prinzipiell gleichrangig und gleichwertig, eben auch die Methodenentscheidung. Wenn sich die Unterrichtenden beispielsweise für einen spieldidaktischen Zugang entscheiden, dann hat dies spielbare Inhalte und Ziele zur Konsequenz. Will man ein Projekt durchführen, dann müssen die Themen wirklich von den Schülerinnen und Schülern auch selbst erarbeitet werden können. Im religionsdidaktischen Feld weist die Symboldidaktik (unter den neueren Konzepten auch die performative Didaktik) eine gewisse Nähe zur lerntheoretischen Didaktik auf. Hier erhält ein Medium (Symbol) bzw. eine Methode oder Interaktionsform (Performanz) die erste Aufmerksamkeit der Planenden und damit eine gewisse Dominanz gegenüber den anderen Größen der Unterrichtsplanung.

Die Diskussion in der allgemeinen Didaktik gerade auch um Methodenfragen hat jedenfalls zur Folge, dass sich beständig neue allgemeindidaktische Konzeptionen entwickeln und dabei auch alte revidiert werden. So hat Wolfgang Klafki seine bildungstheoretische Didaktik modifiziert und in die sogenannte kritisch-konstruktive Didaktik umgewandelt. Dabei integriert er Methoden und Medienentscheidungen in die didaktischen Überlegungen. Zugleich revidiert er die Zentralstellung der Unterrichtsinhalte zugunsten der Intentionen, da sich um Inhalte die jeweiligen Fachwissenschaften kümmerten. Klafki interpretiert den Zusammenhang zwischen Zielen, Inhalten, Methoden und Medien als Implikationszusammenhang, bei dem eine Größe (Intentionen) die anderen (Methoden, Inhalte und Medien) im impliziert. Das Gegenteil wäre ein Interdependenzzusammenhang, bei dem alle Größen – zumindest in der Theorie – gleichberechtigt sind.

Unter den genuin religionsdidaktischen Konzepten zur Unterrichtsvorbereitung ist vor allem der sogenannte *Tübinger Ansatz* der Elementarisierung nach Nipkow und Schweitzer wirksam. Schon Klafki proklamierte eine lebensweltorientierte und zugleich der Sache (dem Thema) angemessene Begegnung von Schülerinnen und Schülern mit dem Lerngegenstand. Dem folgend ist jeder Schritt der Elementarisierung zweipolig angelegt, um sowohl Sache wie auch Adressatinnen und Adressaten gerecht zu werden.

Zunächst muss die Lehrkraft *elementare Strukturen* identifizieren. Dafür ist mithilfe sachangemessener Verfahren (bspw. Exegese bei biblischen

Texten) der Kern einer Sache zu ermitteln; die möglichen Fragen und Anliegen der Schülerinnen und Schüler spielen bereits hier im Hintergrund eine Rolle. Weiter gilt es, *elementare Erfahrungen* zu benennen. Hier geht es wiederum einerseits um urmenschliche, elementare (Glaubens-)Erfahrungen, wie sie beim Thema vorliegen, und andererseits um Erfahrungen, die bei der Schülerschaft angesprochen werden. Die *elementaren Zugänge* betreffen nun das, was Heimann, Otto und Schulz weithin als *Bedingungsfeld* von Lernprozessen bezeichneten, also die themenspezifischen Verstehensvoraussetzungen, etwa entwicklungspsychologische Voraussetzungen, aber auch sozialkulturelle sowie individuell lebensgeschichtliche Zusammenhänge. Schwer greifbar sind bei der Vorbereitung möglicherweise die *elementaren Wahrheiten.* Das sind gerade nicht objektive Wahrheiten, sondern diskursiv und dialogisch zu verhandelnde gewiss machende Wahrheiten, die sich auf religiöse und existenzielle Fragen des Individuums beziehen und im Zusammenhang eines konkreten Themas aufkommen können. Zuletzt gilt es im Rahmen des Tübinger Ansatzes, *elementare Lernformen* zu entwickeln, die wiederum den Ansprüchen der Sache wie auch den Bedürfnissen der zu Unterrichtenden gerecht werden.

Methoden und Medien sind neben Interaktionsformen wesentliche Bestandteile zur Ausgestaltung von (elementaren) Lernformen. Sie eröffnen unterschiedliche Blickwinkel auf ein Thema und bieten verschiedene Zugänge; sie vereinfachen und akzentuieren Inhalte und regen die vielseitige Auseinandersetzung bei den Schülerinnen und Schülern an. Methoden und Medien lassen sich nach diversen Kriterien klassifizieren, in Hinblick auf die Praxis scheint eine Kategorisierung nach dem Kriterium, welche *Lernzieldimension* bzw. welchen Kompetenzbereich eine Methode bzw. ein Medium oder eine Interaktionsform bedient, sinnvoll.

Manche didaktischen Zugriffe eignen sich in besonderer Weise, um primär kognitive Ansprüche zu verwirklichen (bspw. Wissensfragen in Einzelarbeit zu einem Sachtext beantworten). Andere fördern soziale Lernziele bzw. Kompetenzen (bspw. Thesen eines Textes in Gruppenarbeit diskutieren, ein deutungsoffenes Bild interpretieren etc.), bedienen affektive Dimensionen (ein fiktiver Tagebucheintrag u. a.) oder aber pragmatische (bspw. Bibeltexte eigenständig in der Bibel finden). Interaktionsformen reichen vom Lehrervortrag über Einzelarbeit, Paararbeit, Arbeit in der Gruppe bis hin zur diskursiven Arbeit im Plenum, jeweils in diversen Ausgestaltungsformen. Für alle didaktischen Gestaltungsmöglichkeiten gilt es zu bedenken, dass auch sie implizite Aussagen (hidden curricula, s. o.) transportieren. So schreibt etwa eine Gruppenarbeit auf Basis eines offenen Textes den Schülerinnen und Schülern eine deutlich höhere Kompetenz zu als geschlossene Texte und lehrerzentrierte Methoden. Gleichzeitig ist nicht jeder Inhalt für jede Methode oder Interaktionsform gleichermaßen geeignet. Speziell für religiöse Bildung sollte die Lehrkraft auf ein ausgewogenes Verhältnis von erfahrungsorientierten und reflektierenden Verfahren achten. In Vorgriff auf Kapitel sechs ist zudem anzumerken, dass Methoden und Medien selbst zunehmend Gegenstand einer (kritischen) Medienbildung sein sollten.

6 Gegenwartsfragen und Diskussionslinien

In den meisten europäischen Ländern ist die Auseinandersetzung mit Religion bzw. mit Religionen und die Begegnung mit ihnen Teil der schulischen Bildung. Während also religiöse Bildung unbestritten Teil der Allgemeinbildung ist, existieren große Differenzen in der Frage, wie Bildung in Sachen Religion zu organisieren sei. Während man in Deutschland, Südeuropa, in manchen Kantonen der Schweiz, Österreich, Belgien, Mittel- und Osteuropa sowie Finnland auf einen konfessionell organisierten Religionsunterricht trifft, ist dieser in Dänemark, Schweden, Norwegen und Großbritannien religionsübergreifend und in der Perspektive ungebunden organisiert. Im Hintergrund stehen kontextuelle Faktoren, wie die religiöse Situation in der jeweiligen Gesellschaft, das institutionelle Verhältnis von Staat und Kirche sowie die Organisation des Bildungswesens insgesamt. Allen gemein ist jedoch, dass sich im Kontext allgemeiner, länderübergreifender Herausforderungen, wie etwa zunehmender (religiöser) Pluralität und Heterogenität, Fragen religiöser Bildung in neuer Perspektive und Dringlichkeit stellen. Es wundert daher nicht, dass die Plausibilität und mögliche Gestalt religiöser Bildung derzeit intensiv diskutiert werden und eine Vielzahl an Optionen für die Zukunft religiöser Bildung im Raum steht (Eisenhardt u. a. 2018).

6.1 Rechtliche Stellung des Religionsunterrichts

Die Anzahl der Kirchenmitglieder sinkt beständig und zeigt eine allgemeine gesellschaftliche Tendenz zur Säkularisierung. Gleichwohl spielt Religion im Grundgesetz eine privilegierte Rolle: Schon in der Präambel kommt ein Gottesbezug vor, und neben der freien Religionsausübung sind auch die sogenannten Kirchenartikel der Weimarer Verfassung mit ins Grundgesetz eingeflossen. Die bedeutendsten rechtlichen Verfügungen zum Religionsunterricht finden sich jedoch in GG Artikel 7. Dort wird bekanntlich der Regionsunterricht als ein ordentliches Lehrfach bezeichnet (GG Art. 7,3: »Der Religionsunterricht ist in den öffentlichen Schulen mit Ausnahme der bekenntnisfreien Schulen ordentliches Lehrfach«). Das bedeutet, der Religionsunterricht muss in jeder Hinsicht in Analogie zu den didaktischen und methodischen Standards anderer Unterrichtsfächer gestaltet werden. Eine Sonderdidaktik ist damit ausgeschlossen: der Religionsunterricht darf kein Gesinnungsfach sein, sondern muss sich wissenschaftlich begründen. Die Kategorisierung des Religionsunterrichts als ordentliches Schulfach bedingt weiter, dass Noten gegeben werden müssen, die versetzungsrelevant sind. Unter schulorganisatorischen Aspekten darf der Religionsunterricht nicht nur auf Eckstunden im Stundenplan verlegt werden, und es muss staatlich erlassene Lehrpläne und Schulbücher geben. Dass Religionslehrkräfte ein Staatsexamen machen und an Lehrerkonferenzen teilnehmen müssen, ergibt sich ebenfalls daraus. Neben einer staatlichen Berufsqualifikation bedürfen Religionslehrkräfte in der Bundesrepublik allerdings auch einer kirchlichen Bevollmächtigung (der ›Missio canonica‹ auf katholischer bzw. der ›vocatio‹ auf evangelischer Seite). Nach Artikel 7,3 des Grundgesetzes soll der Religionsunterricht nämlich »in Übereinstimmung mit den Grundsätzen der Religionsgemeinschaften« erteilt werden.

Was sind aber diese Grundsätze und wer legt sie fest? Das muss nicht unbedingt eine Privilegierung der Kirchen bedeuten: Auch andere Glaubensgemeinschaften können diese Rechte in Anspruch nehmen. Darüber hinaus wäre es auch denkbar, dass externe (statt binnenkirchliche) Gutachter über die Grundsätze der jeweiligen Religionsgemeinschaften befinden, und der Staat ihren Ratschluss als richtungsweisend annimmt. Diese Option wird angesichts der Schwierigkeit, geeignete Ansprechpartner für islamischen Religionsunterricht zu finden, gelegentlich diskutiert.

Gegenwärtig ist die Situation aber eine andere: die Kirchen dürfen bei Lehrplänen, Schulbüchern und der Anstellung von Religionslehrkräften mitbestimmen. Dabei müssen sie allerdings staatliche Vorgaben berücksichtigen, denn in Art. 7,1 GG heißt es: »Das gesamte Schulwesen steht unter der Aufsicht des Staates«. Das Grundgesetz regelt auch die Möglichkeit, sich vom Religionsunterreicht abzumelden, und garantiert, dass keine Lehrkraft zur Erteilung von Religionsunterricht verpflichtet werden kann (Art. 7,2). Beides ist eine Folge aus der in Artikel 4 des Grundgesetzes garantierten Religionsfreiheit, die zweierlei umfasst: Die *negative* Religionsfreiheit meint die Freiheit, Religion nicht ausüben zu müssen bzw. vor ihr geschützt zu sein. Demgegenüber steht die *positive* Religionsfreiheit für die geschützte Möglichkeit, Religion ausüben zu dürfen.

Wegen des Ordentlichkeitscharakters des Religionsunterrichts muss für Schüler und Schülerinnen, die sich vom Religionsunterricht abgemeldet haben, ein Ersatzunterricht angeboten werden, in der Regel ist dies der Philosophie- oder Ethikunterricht.

Bislang beharren die großen christlichen Kirchen auf ihr skizziertes Privileg in Deutschland, auch wenn die Fronten – angesichts der demografischen Großwetterlage – langsam aufweichen. Dementsprechend ist der Religionsunterricht in den meisten Bundesländern weiterhin konfessionell, mit vier Ausnahmen: Berlin (Ethik, zusätzlich freiwillig kirchlicher Religionsunterricht) Bremen (»Unterricht in biblischer Geschichte«), Brandenburg (LER: Lebensgestaltung – Ethik – Religionskunde) und Hamburg (»Religionsunterricht für alle in evangelischer Verantwortung«). Diese Formate werden durch die sogenannte Bremer Klausel (GG Art. 141) möglich. In den übrigen Bundesländern wird Religionsunterricht (bislang) nach Konfessionen getrennt unterrichtet. Die evangelische Kirche verlangt dabei eine Zweierhomogenität, d. h. dass Stoff und Lehrkraft evangelisch sein sollen, während für die katholische Kirche zudem die Schüler und Schülerinnen katholisch sein müssen. In der Praxis wird allerdings diese Dreierhomogenität längst flexibel gehandhabt.

Die rechtliche Festlegung, dass Religionsunterricht »in Übereinstimmung mit den Grundsätzen der Religionsgemeinschaft« zu erteilen ist, eröffnet in einer pluralen Gesellschaft noch weitere Optionen. Das kann nämlich auch islamischer oder jüdischer Religionsunterricht sein. Zudem können andere Religionsgemeinschaften, wie etwa die evangelischen Freikirchen, die altkatholische Kirche oder die Zeugen Jehovas – hypothetisch – Regionsunterricht nach Artikel 7 des Grundgesetzes einfordern. Tatsächlich wird von Seiten der Zeugen Jehovas diese Forderung angedacht, nachdem sie – zumindest in einem Bundesland – den Status einer *Körperschaft des öffentlichen Rechtes* erklagt haben, eine Grundvoraussetzung für die Erteilung von Religionsunterricht.

Vor diesem Hintergrund stellt sich die Frage nach der Zukunft eines konfessionellen Religionsunterrichts. Wie ist am Subjekt orientierte religiöse Bildung in konfessioneller Verantwortung heute zu interpretieren und ggf. weiter zu entwickeln?

6.2 Gesellschaftliche Stellung des Religionsunterrichts

Die gesellschaftliche Situation des Religionsunterrichts ist unübersichtlich und regional sehr unterschiedlich. Historisch bedingt fällt die Zustimmung zu einem konfessionellen Religionsunterricht in den neuen Bundesländern geringer aus als in den alten. Eine repräsentative Studie von yougov (befragt wurden 1048 Personen im Jahr 2016) zeigt, dass sieben von zehn Personen einen allgemeinen Werteunterricht bevorzugen würden. Dem steht eine von der bayrischen Landeskirche in Auftrag gegebene Studie des EMNID-Instituts gegenüber, wonach knapp 80% der Befragten den Konfessionellen Religionsunterricht als wichtig und gut befinden (EMNID 2018, auch hier wurden rund 1000 Menschen befragt). Im Widerspruch dazu verweist dieselbe Studie allerdings auch darauf, dass das Fach nicht sehr beliebt ist und nur Physik im Urteil der Befragten noch negativer bewertet wird.

Doch nicht nur innerdeutsche Differenzen verweisen auf die komplexe und vielschichtige Lage des Religionsunterrichts in der Gesellschaft. Im europäischen Umfeld ist die Tendenz zu einem multireligiösen Religionsunterricht zu beobachten (vgl. Schweden, England oder einzelne Schweizer Kantone), der Schülerinnen und Schüler aller Glaubensrichtungen zusammenbringt und von der Zugehörigkeit zu einer spezifischen Religion absieht. Weiter ist an dezidiert nichtreligiöse Modelle zu denken, etwa in Luxemburg, das nach langer Debatte einen allgemeinen Werteunterricht anstelle von Religionsunterricht eingeführt hat. Breite Zustimmung findet hier insbesondere die Vermittlung »allgemeiner Werte« anstelle einer Zentralstellung der eigenen christlichen Religion bzw. anderer Religionen. Die Abmelderaten bleiben dennoch konstant niedrig (vgl. Kirchenamt der EKD, 2014, 27; 81), was auf eine (noch) breite Akzeptanz des Religionsunterrichts schließen lässt. Blickt man bei den zitierten Studien etwas in die Tiefe, so zeigt sich, dass Religionsunterricht vor allem dann positiv bewertet wird, wenn er aktiv und handlungsorientiert die konkrete Lebenswelt der Kinder und Jugendlichen aufnimmt.

Mit alledem ist die Frage verbunden, wie ein Religionsunterricht in der Zukunft gestaltet sein muss, um religiöse Bildung in Subjektorientierung bei gleichzeitiger Wahrung eigener Anliegen zu gestalten. Wie also sieht der genuine Beitrag religiöser Bildung in der Gegenwart und nahen Zukunft aus?

6.3 Zukunft des Religionsunterrichts

Für die Zukunft des Religionsunterrichts stellen sich trotz des verfassungsrechtlichen Schutzschirms dieselben Schlüsselfragen wie im europäischen Umfeld: Wie können Schule und insbesondere der Religionsunterricht zum

Frieden und zur Verständigung zwischen den verschieden religiösen und kulturellen Gruppen innerhalb einer Gesellschaft beitragen? Welchen genuinen Beitrag leistet dieser zur viel beschworenen Pluralitäts- und Dialogfähigkeit? Und weiter: welche inhaltliche und strukturelle Organisationsform religiöser bzw. weltanschaulicher Bildung ist angesichts größer werdender (religiöser und weltanschaulicher) Heterogenität angemessen?

6.3.1 Konfessionell?

Die Zukunft eines konfessionellen Religionsunterrichts ist in Deutschland ungewiss, in einigen Nachbarländern bereits Geschichte. Sich nur auf den Schutz des Grundgesetzes zu berufen, widerspricht dem Selbstverständnis einer am Subjekt orientierten religiösen Bildung und dem Anspruch, den die christliche Theologie respektive die Religionspädagogik an sich selbst hat. So geht eine christlich theologisch fundierte Idee von religiöser Bildung vom Bildungspotenzial des zu bildenden Subjekts aus und möchte diesem zu reflektierter Autonomie und Verantwortungsübernahme in seinen diversen Lebenskontexten verhelfen. Eine rein formal-juristische Begründung erscheint gegenüber diesem Anliegen und dieser Vision zu schwach. Es bedarf zukünftig einer guten Argumentation für einen konfessionellen Religionsunterricht, die zum einen die veränderten Kontexte und Herausforderungen antizipiert und zum anderen den Konfessionalitätsbegriff angesichts dieser Bedingungen neu interpretiert.

Dem Ursprung nach bedeutet Konfession (von lat. Confessio) Bekenntnis, genauer ein Bekenntnis zum Glauben oder auch ein Schuldbekenntnis. Erst deutlich später markiert der Begriff Differenzen und Abgrenzungen zwischen verschiedenen Ausprägungen christlicher Religion.

Im gesellschaftlichen wie individuellen Bewusstsein scheint die Konfession eine zunehmend untergeordnete bis tendenziell gar keine Rolle mehr zu spielen. Unter dem Einfluss postmoderner Beliebigkeit und gleichzeitig schwindender religiöser Sozialisation entsteht keine konfessionelle Identität, sondern tendenziell eine allgemein religiöse, die eher die typischen Marker individualisierter Religion trägt als die eines konfessionellen Bewusstseins und Ausdrucks. Das bestätigen auch empirische Studien. So konnten Schweitzer, Biesinger und weitere feststellen, dass Schülerinnen und Schüler der Primarstufe mit den Begriffen ›evangelisch‹ bzw. ›katholisch‹ sachlich wenig anzufangen wissen (Schweitzer u. a. 2002, 23-81). Zugleich zeigt die Studie jedoch, dass sich im Binnenraum Schule über die nach Konfession getrennten Religionsgruppen ein soziales Zugehörigkeitsgefühl entwickelt, im Sinne von »Wir sind die Schüler von Frau F., unser Klassenraum für Reli ist X, und wir sind die Evangelischen«.

Immerhin scheinen Schülerinnen und Schüler, die den konfessionellen Religionsunterricht besuchen, am Ende der Primarstufe über ein Cluster an Zuordnungskriterien zu verfügen, wenn auch vorrangig äußerliche und sichtbare Merkmale, etwa Differenzen im Sakralraum, deutlich seltener auch Unterschiede im Jahreskreis kirchlicher Feste. Das Wissen um theologisch-dogmatische Differenzen und Unterschiede im Glauben ist hingegen erst deutlich später (Sekundarstufe 2) und auch dann nur punktuell vorhanden. Häufig sind wiederum wertende Kategorien, etwa die »lockeren« Protestant(inn)en und die »strengen« Katholik(inn)en (Schweitzer u. a. 2006, 18).

Inwiefern trägt vor diesem Hintergrund eine konfessionell gebundene Bildung und entsprechend geprägte religiöse Identität zur Orientierung in pluralen Lebenswelten bei und befähigt dort zu konstruktiven Begegnungen? Klar ist jedenfalls, dass »der Religionsunterricht der Zukunft um der Schülerinnen und Schüler wie auch der Lehrkräfte willen einer zeitgemäßen Ausrichtung [bedarf]« (Lindner u. a. 2017, 10). Und diese betrifft in besonderer Weise die Frage der Konfessionalität.

Dieser Weiterentwicklung ist ein 2016 erschienenes Positionspapier gewidmet: ›Konfessionell, kooperativ, kontextuell. Weichenstellungen für einen zukunftsfähigen Religionsunterricht‹. Dabei ist Konfessionalität nicht mehr nur Bezeichnung einer Organisationsform von Religionsunterricht – evangelisch vs. katholisch – und Auswahlkriterium von Inhalten und positionellen Verortungen im religiösen Bildungsprozess. Vielmehr geht es um ein »weitreichendes Verständnis von Konfessionalität«, das geradezu zur Voraussetzung von »innovative(n) Formen der Kooperation und der dialogischen Ausgestaltung« wird (Schweitzer 2017, 41).

Das Kriterium der Konfessionalität markiert dabei den Religionsunterricht durchaus auch weiterhin als nicht rein religionskundlich-informierend und verweist auf die Glaubensperspektive sowie die Existenz einer persönlich-existenziellen Dimension im Bildungsprozess. Diese machen ja gerade das konstitutive Merkmal einer sich als ganzheitlich verstehenden Bildung aus, die auch die religiöse Dimension des Menschseins mit integriert (Kapitel 2). Nicht zuletzt wird derart auch das positive Recht auf Religionsfreiheit in Form einer solchen Bildung verwirklicht, die eben auch die religiöse Dimension des Menschseins inkludiert.

Zugleich – und dies wird im öffentlichen Diskurs häufig übersehen – ermöglicht ein konfessioneller Religionsunterricht jedoch auch die Inanspruchnahme negativer Religionsfreiheit. Natürlich stellt ein konfessioneller Religionsunterricht zwar zunächst eine Förderung von Religion und noch dazu ein gewisses Privileg kirchlicher Institutionen dar (Kapitel 5.1). Andererseits ist er aber gerade dadurch ein Garant von Religionsfreiheit. Die Existenz eines konfessionellen Religionsunterrichts als ordentliches Fach im Fächerkanon der Schule eröffnet eben erst die Option einer Abmeldung und damit einer Wahrnehmung der in GG Art. 4 vorgesehenen negativen Religionsfreiheit.

Die Standortgebundenheit eines konfessionellen Religionsunterrichts trägt weiter dem zurecht eingeforderten Grundsatz der Transparenz Rechnung. Es ist sehr fraglich, ob über existentielle Aspekte des Menschseins, wie religiöse Gefühle, Überzeugungen und ethische Fragen überhaupt »neutral« gesprochen werden kann, wie dies ein religionskundlicher Unterricht beansprucht. Konfessioneller Religionsunterricht ist per definitionem positionell, gibt seinen Ort zu erkennen und stellt diesen dem Diskurs anheim.

Aus demselben Grund trägt konfessioneller Religionsunterricht auch zum Bildungsziel der Dialog- und Pluralitätsfähigkeit bei. Im konfessionellen Religionsunterricht geht es gerade nicht um eine neutrale Wahrnehmung von Religion(en), sondern um die authentische Begegnung mit einer spezifischen Religion und von dieser Basis aus um die wertschätzende Begegnung mit anderen Religionen und Weltanschauungen. Ein gleichgültiger Relativismus ist damit ebenso ausgeschlossen wie ein Fundamentalismus, denn die Positionierung erfolgt transparent und reflektiert. Ein unter diesen Prämissen erworbenes Standing eröffnet dann geradezu zwingend den Dialog, wie jede bewusste Positionierung dies tut.

In vielerlei Hinsicht ist Schweitzer daher zuzustimmen: »Dialoge sind [nämlich] nur dort sinnvoll, wo sich religiös erkennbare Menschen begegnen.« (Schweitzer 2017, 44) Religiös erkennbar in diesem Sinne kann natürlich auch ein dezidiert nicht-religiöser weltanschaulicher Standpunkt sein.

Die Frage nach der Begegnung mit Konfessions- und Religionslosen ist im Kontext zukünftiger Weiterentwicklungen des Religionsunterrichts nach meinem Dafürhalten im religionspädagogischen Diskurs noch nicht hinreichend beleuchtet. Gute Grundlagen sowie einige didaktische Konkretisierungen hierzu finden sich bei Schröder/Emmelmann 2018.

Eine grundlegende Schwierigkeit dabei sind die mannigfaltigen Optionen, wie im Ethikunterricht (und allgemein auf Seiten nicht religiöser Gesprächspartner) Religion aufgefasst werden kann. Denn auch wenn

»bildungstheoretisch unbestritten [ist], dass auch konfessionslose Schüler zur kritischen Würdigung von Religion im Bereich der Daseins- und Werteorientierung in der Lage sein sollten« (Schröder 2012, 550), stellt die Bandbreite der Begegnungsvarianten eine Herausforderung dar, die den Dialog zwischen Religionsunterricht und Ethikunterricht komplex erscheinen lassen. So kann Religion im Ethikunterricht als religiös konnotierte und begründete Ethik präsentiert werden oder aber als Gegenstand von Religionskritik, als Unterrichtsgegenstand, über den rein informierend Auskunft zu geben ist, oder aber im Sinne ihres eigenen Selbstverständnisses authentisch als spezifisches Muster der Selbst- und Weltwahrnehmung und Lebensgestaltung (Schröder 2012, 550). Unter welchen Zeichen dann ein Dialog bzw. eine Kooperation zwischen einem konfessionellen Religionsunterricht und seinen dezidiert nicht religiös orientierten Alternativfächern zu gestalten wäre, stellt eine dementsprechend komplexe und noch nicht hinreichend geklärte Frage dar.

Zusammenfassend lässt sich festhalten, dass ein konfessioneller Religionsunterricht auch und gerade unter den Zeitzeichen von Säkularisierung, Pluralität und Heterogenität ein zukunftsträchtiges Modell religiöser Bildung ist, sofern man Konfessionalität in einem weiten Sinne (wie oben skizziert) interpretiert. Unterrichtspraktisch sind damit die Weichen für kooperative Modelle gestellt.

Die als Konsenspapiere zu sehenden EKD-Denkschriften weisen schon seit einigen Jahren in die entsprechende Richtung (vgl. »Identität und Verständigung« (1994) sowie »Religiöse Orientierung gewinnen« (2014)). 2016 positionieren sich nun erstmals in eindeutiger Weise auch die deutschen Bischöfe (»Empfehlungen für die Kooperation des katholischen mit dem evangelischen Religionsunterricht«) und eröffnen damit die Option konfessioneller Kooperation. Auch das bereits genannte wissenschaftliche Positionspapier »Konfessionell, kooperativ, kontextuell – Weichenstellungen für einen zukunftsfähigen Religionsunterricht« weist die Richtung für einen konfessionellen Religionsunterricht in Kooperation.

Der theologischen Fundierung korrespondieren in unterrichtspraktischer Perspektive zahlreiche didaktische Realisierungsoptionen. Diese reichen vom Austausch von Material über einen gegenseitigen punktuellen, themenbezogenen Austausch in einem gemeinsamen Unterricht mit der Lehrkraft oder der gesamten Klasse der anderen Konfession bis hin zu einer längerfristigen Kooperation (bspw. zu einem gesamten Themenkomplex) oder sogar zu einer auf Dauer angelegten Kooperation in Form von systematisiertem Team-Teaching, regelmäßigen Projektphasen u. v. m.

6.3.2 Interreligiös?

Es liegt nahe, dass der Religionsunterricht Kompetenzen vermittelt, die zum friedlichen Zusammenleben mit Menschen unterschiedlicher Religionen und Weltanschauungen befähigen. ›Interreligiöse Kompetenz‹ ließe sich in diesem Sinne etwa definieren »als Bündel von Fähigkeiten und Fertigkeiten, von Einstellungen und Haltungen, um angemessen mit dem Religionsplural umzugehen und eine eigene, begründete und verantwortungsvolle Position zu Religion angesichts des Religionsplurals einzunehmen« (Schambeck 2013, 56).

Interreligiöse Kompetenz ist aber auch für die Entwicklung der individuellen religiösen Identität wichtig, da diese heute mehr denn je in Auseinandersetzung mit »dem Anderen« und eben insbesondere »den anderen Religionen« stattfindet. Informelle Begegnungs- und (Selbst-)Bildungsprozesse im Kontext fremder Religionen stehen zudem unter dem Zeichen einer Zweidimensionalität – zum einen in ausgesprochen nahen und konkreten Lebenskontexten, zum anderen in globaler, medial vermittelter und politisch konnotierter Perspektive (Simojoki 2019). Die Wahrnehmung und Reflexion dieser Dialektik ist sicherlich als Bedingung interreligiöser Lernprozesse zu antizipieren und sollte weiter auch Lerngegenstand interreligiöser Bildung sein.

Die grundgesetzlichen Festlegungen zum Religionsunterricht (6.1) sowie die aktuellen Entwicklungstendenzen (6.2) legen es nahe, den konfessionellen Religionsunterricht zum gedanklichen und argumentativen Ausgangspunkt von Überlegungen einer interreligiösen Ausrichtung des Religionsunterrichts zu machen. In spezifisch religionspädagogischer Perspektive ließe sich mit Blick auf den Status quo religiöser Sozialisation (Kapitel 3.5) anmerken, dass in Zeiten potenziell unsicherer religiöser Identität eine Beheimatung und Reflexion im Horizont der eigenen Kultur und Religion sinnvoll ist, bevor der Austausch mit neuen Kontexten in konstruktiver Weise einsetzen kann.

Bei aller Plausibilität interreligiöser Bildung darf jedoch nicht übersehen werden, dass Unterschiede in den Theologien und im Selbstverständnis der verschiedenen Religionen ernsthafte Herausforderungen – manchmal sogar ein Hindernis – für die interreligiöse Bildung in der öffentlichen Schule darstellen. So ist bereits die Frage nach den Bezugswissenschaften religiöser Bildung in anderen Religionen und weiter in interreligiösen Bildungsprozessen nicht einfach zu beantworten. Mitunter trifft man nämlich auf ein deutlich divergierendes Religions- und Wissenschaftsverständnis, das mit dem der westlich-christlichen Tradition nicht ohne weiteres vereinbar ist. Ergänzend scheint daher neben der Bezugnahme auf die Theologie der jeweiligen Religion eine religionswissenschaftliche Perspektive hilfreich – bei der freilich immer ein Moment der Überfremdung mitschwingt.

Als weitere Bezugswissenschaft ist daher die christliche Theologie zu befragen, die diverse Konzepte für die Begegnung mit fremden Religionen entwickelt hat, etwa die ›Theologie der Religionen‹ oder auch die komparative Theologie. Beiden gemein ist, dass sie historische Positionierungen und Wahrnehmungen fremder Religionen (Exklusivismus, Inklusivismus) hinter sich lassen und auf Basis eines diskursiven Wahrheitsbegriffs einen theologisch fundierten Dialog auf Augenhöhe eröffnen. Diese Hermeneutik einer wechselseitigen Anerkennung wird dann auch Fundament didaktischer Systematisierungen und Konkretisierungen.

Als Königsweg interreligiöser Bildung gilt die Begegnung mit der fremden Religion – sei es in Form von (Unterrichts-)Material über die Religion, authentischen Gegenständen (Symbolen, Artefakten etc.) oder aber Vertreterinnen und Vertretern der jeweiligen Religion. Lernen durch Begegnung soll neben dem Wissenszuwachs auch zur Profilbildung individueller religiöser Identität und Ausbildung von Toleranz beitragen. Setting und Charakter der Begegnung sind in den unterschiedlichen Theorien und Konzepten interreligiösen Begegnungslernens jeweils verschieden akzentuiert.

Während bei Sajak die Profilierung der eigenen religiösen Identität in der Begegnung mit dem Anderen im Vordergrund steht, betont Lähnemann den sozial orientierten Dialog zwischen den Religionen. Die Dialektik von unmittelbarem individuellem Kontexts und globaler Dimension berücksichtigt Karlo Meyer mit seinem stark persönlichkeitsorientierten Ansatz in besonderer Weise. Daneben existieren weitere Ausdifferenzierungen. Allen gemein ist das Proprium eines konfessionell fundierten Zugangs, bei dem auch interreligiöse Begegnungen und Bildungsprozesse anhand von ausgewählten Themen persönlich, existenziell und lebensweltbezogen erfolgen. Als potenzielle Themen eignen sich hierfür etwa die heiligen Schriften der verschiedenen Religionen, zentrale Figuren (bspw. Abraham), die Sakralräume, die Glaubenspraxis oder aber die Ethik.

Im Anschluss an interreligiöse Bildungsprozesse ist ein markanter Wissenszuwachs in der fremden wie in der eigenen Religion zu verzeichnen. Allerdings konnte die erhoffte Zunahme an Toleranz im Rahmen der Wirkungsstudie von Georg Ritzer nicht bestätigt werden. (Ritzer 2010). Demgegenüber konnte Biesinger jedoch eine Stärkung der Dialogkompetenz unter Berufsschüler(inne)n feststellen. (Biesinger u. a. 2011).

Im pädagogischen Alltag gibt es jedoch ganz andere Hürden, etwa schlicht das Fehlen eines konfessionellen oder auch religionskundlichen Unterrichts in fremden Religionen. So gibt es beispielsweise islamischen Religionsunterricht bislang in Deutschland oft nur mit Modellcharakter. Obwohl Sinnhaftigkeit und Beitrag zu Integration und Dialog unhinterfragt sind, ist eine flächendeckende systematische Verstetigung islamischen Religionsunterrichts bzw. islamischer Religionskunde derzeit nicht in Sicht. Es mangelt einerseits an politischem Willen, andererseits repräsentieren die religiösen Verbände nur einen Bruchteil der hier lebenden Muslime, was auch daran liegt, dass eine institutionelle Organisation analog zu christlichen Kirchen im Islam schlicht nicht vorgesehen und ihm im Kern fremd ist.

Die interreligiöse Ausrichtung eines zukünftigen Religionsunterrichts scheint unter den skizzierten Vorzeichen zwar durchaus eine lohnende Perspektive zu sein, in der Praxis bleibt sie allerdings vorerst Zukunftsmusik.

6.4 Ausblick

Augenscheinlich steht der Religionsunterricht vor großen Herausforderungen und vielleicht auch vor markanten Umbrüchen. Das betrifft auch die Religionspädagogik als Fachdidaktik des Religionsunterrichts. Zugleich ist sie gefordert, die sich verändernden weiteren Lernorte religiöser Bildung (Kapitel 3.4 und 3.5) konstitutiv mitzudenken, wenn es darum geht, religiöse Bildung für die Gegenwart und in die Zukunft hinein zu begründen und zu gestalten. Entscheidend für beide Aufgabenfelder dürfte sein, inwiefern es der Religionspädagogik gelingt, die Orientierung am Subjekt unter gegenwärtigen und zukünftigen Bedingungen einzulösen. Treffend rät Schlag in seinen aktuellen Vermessungen der Religionspädagogik daher zu einem Selbstverständnis als »Lebenswissenschaft« (Schlag 2019, 229). Als solche dürfte in der Zukunft eine ihrer zentralen Aufgaben sein, ihr »hermeneutische[s] und kritisch-utopische[s] Potenzial« (Schlag 2019, 229) im Kontext konkreter gesellschaftlicher Herausforderungen (Umwelt, Digitalisierung u. v. m.), bildungspolitischer Entwicklungen, aber auch individueller Lebensdeutungen der zu bildenden Subjekte zum Tragen zu bringen. Nach meinem Dafürhalten bedarf dafür es auf theoretischer Ebene einer verstärkt disziplinübergreifenden Forschung sowie weiter einer kontinuierlichen Selbstreflexion. Diese wird auch und sogar maßgeblich von denjenigen getragen, die jetzt und in Zukunft in der Praxis für religiöse Bildung verantwortlich sind. Für sie soll der vorliegende Band einen kleinen Beitrag zu ihrer großen Aufgabe leisten.

Literatur

Bauman, Zygmunt (1997), Flaneure, Spieler und Touristen. Essays zu postmodernen Lebensformen, Hamburg.

Baumert, Jürgen (2002), Deutschland im internationalen Bildungsvergleich, in: Kilius, Nelson/Kluge, Jürgen/Reisch, Linda, Die Zukunft der Bildung, Frankfurt a. M., 100-150.

Biehl, Peter (1989a), Johann Amos Comenius, in: Schröer, Henning/Zilleßen, Dietrich (Hg.), Klassiker der Religionspädagogik, Frankfurt/M., 47–74.

Biehl, Peter (1989b), Symbole geben zu lernen. Einführung in die Symboldidaktik anhand der Symbole Hand, Haus und Weg, Neukirchen.

Biehl, Peter/Baudler, Georg (1980), Erfahrung – Symbol – Glaube. Grundfragen des Religionsunterrichts, Frankfurt /M.

Biesinger, Albert u. a. (2011), Interreligiöse Kompetenz in der beruflichen Bildung. Pilotstudie zur Unterrichtsforschung (Religion und berufliche Bildung 6), Münster.

Bohne, Gerhard (1953), Grundlagen der Erziehung. Die Pädagogik in der Verantwortung vor Gott, Hamburg.

Bohne, Gerhard (1964), Das Wort Gottes und der Unterricht, 13. Aufl. Berlin.

Boschki, Reinhold (2008), Einführung in die Religionspädagogik, Darmstadt.

Büttner, Gerhard u. a. (2015), Einführung in den Religionsunterricht. Eine kompetenzorientierte Didaktik, Stuttgart.

Burrichter, Rita/Grümme, Bernhard/Mendl, Hans/Pirner, Manfred/Schlag, Thomas (Hg.) (2012): Professionell Religion unterrichten, Stuttgart.

Davie, Grace (1994), Religion in Britain since 1945. Believing without belonging, Oxford.

Deutsche Bischofskonferenz (2006), Kirchliche Richtlinien zu Bildungsstandards für den katholischen Religionsunterricht in der Grundschule, Bonn.

Dippelhofer-Stiem, Barbara/Kahle, Irene (1995), Die Erzieherin im Evangelischen Kindergarten. Empirische Analysen zum professionellen Selbstbild des pädagogischen Personals, zur Sicht der Kirche und zu den Erwartungen der Eltern, Bielefeld.

Döbert, Rainer (1988), Oser/Gmünders Stadium 3 der religiösen Entwicklung im gesellschaftlichen Kontext: Ein circulus vitiosus, in: Nipkow, Karl E. u. a. (Hg.), Glaubensentwicklung und Erziehung, Gütersloh, 144–162.

Domsgen, Michael (Hg.) (2009), Religionspädagogik in systemischer Perspektive. Chancen und Grenzen, Leipzig.

ENGLERT, RUDOLF/SCHWAB, ULRICH/SCHWEITZER, FRIEDRICH/ZIEBERTZ, HANS-GEORG (Hg.) (2012): Welche Religionspädagogik ist pluralitätsfähig? Kontroversen um einen Leitbegriff, Freiburg i. Breisgau.

EISENHARDT, SASKIA/KÜRZINGER, KATHRIN/NAURATH, ELISABETH/POHL-PATALONG, UTA (2019): Religion unterrichten in Vielfalt. Konfessionell – religiös – weltanschaulich, Göttingen.

ERIKSON, ERIK H. (1988), Der vollständige Lebenszyklus, Frankfurt/M.

FISCHER, DIETLIND/ELSENBAST, VOLKER (2006), Grundlegende Kompetenzen religiöser Bildung. Zur Entwicklung des evangelischen Religionsunterrichts durch Bildungsstandards für den Abschluss der Sekundarstufe I, Münster.

FOWLER, JAMES (1984), Becoming adult, becoming christian. Adult development and christian faith, San Francisco.

FRAAS, JOHN W. (1983), Basic concepts in educational research, Lanham.

GILLIGAN, CAROL (1983), In a different voice, Boston.

GRÄB, WILHELM (2006), Religion als Deutung des Lebens. Perspektiven einer Praktischen Theologie gelebter Religion, Gütersloh.

GRESCHAT, MARTIN (2010), Philipp Melanchthon. Theologe, Pädagoge und Humanist, Gütersloh.

GRÖZINGER, ALBRECHT/LUTHER, HENNING (1987), Religion und Biographie. Perspektiven zur gelebten Religion, München.

GRÜMME, BERNHARD/LENHARD, HARTMUT/PIRNER, MANFRED L. (Hg.) (2012), Religionsunterricht neu denken. Innovative Ansätze und Perspektiven der Religionsdidaktik, Stuttgart.

GRÜMME, BERNHARD (2016), Anthropologie, in: Wirelex.

HAMMELSBECK, OSKAR (1939), Der kirchliche Unterricht. Aufgabe – Umfang – Einheit, München.

HAMMELSBECK, OSKAR (1940), Glauben und Bildung (Theologische Existenz heute 74), München.

HAMMELSBECK, OSKAR (1961), Erziehung – Bildung – Geborgenheit (Theologische Existenz heute 90), München.

HEGEL, GEORG FRIEDRICH WILHELM (1986), Phänomenologie des Geistes, in: HEGEL, GEORG FRIEDRICH WILHELM, Werke in 20 Bänden. Band 3, Frankfurt.

HERMS, EILERT (1982), Theorie für die Praxis. Beiträge zur Theologie, München.

HILGER, GEORG/LEIMGRUBER, STEPHAN/LINDNER, KONSTANTIN/SIMOJOKI, HENRIK/STÖGBAUER, EVA (Hg.) (2014), Religionsdidaktik Grundschule, München.

KABISCH, RICHARD (1910), Wie lehren wir Religion?, Göttingen.

KALLOCH, CHRISTINA u. a. (2014), Handbuch Theologisieren mit Kindern. Einführung – Schlüsselthemen – Methoden, Stuttgart.

KIRCHENAMT DER EKD (Hg.) (1994), Identität und Verständigung. Standort und Perspektiven des Religionsunterrichts in der Pluralität. Eine Denkschrift der Evangelischen Kirche in Deutschland, Gütersloh.

KIRCHENAMT DER EKD (Hg.) (1998): Glauben entdecken. Konfirmandenarbeit und Konfirmation im Wandel, Gütersloh.

KIRCHENAMT DER EKD (2011): Kompetenzen und Standards für den Religionsunterricht in der Sekundarstufe 1. Ein Orientierungsrahmen. EKD Texte 111, Gütersloh.

Kirchenamt der EKD (Hg.) (2014), Religiöse Orientierung gewinnen. Evangelischer Religionsunterricht als Beitrag zu einer pluralitätsfähigen Schule. Eine Denkschrift des Rates der Evangelischen Kirche in Deutschland, Gütersloh.

Klafki, Wolfgang (1975), Studien zur Bildungstheorie und Didaktik, Weinheim.

Klafki, Wolfgang (1961), Pestalozzis »Stanser Brief«. Eine Interpretation, 2. Aufl. Weinheim.

Klafki, Wolfgang (1964), Das pädagogische Problem des Elementaren und die Theorie der kategorialen Bildung, Weinheim.

Klie, Thomas (2006), Valentin, Halloween & Co. Zivilreligiöse Feste in der Gemeindepraxis, Leipzig.

Klie, Thomas/Leonhard, Silke (2003), Schauplatz Religion. Grundzüge einer Performativen Religionspädagogik, Leipzig.

Kliemann, Peter/Rupp, Hartmut (2000), Tausend Stunden Religion. Wie junge Erwachsene den Religionsunterricht erleben, Stuttgart.

Knauth, Thorsten (2018), Bleibend notwendig! Der Problemorientierte Religionsunterricht und seine Bedeutung für eine kritische Religionspädagogik – Geschichte und Aktualität, in: ZKG, 70(2), 128–141.

Könemann, Judith (2015), Religion, in: Wirelex.

Korsch, Dieter (2003), Religion – Identität – Differenz. Ein Beitrag zur Bildungskompetenz des Religionsunterrichts, in: Evangelische Theologie 63, 271–279.

Kunstmann, Joachim (1997), Christentum in der Optionsgesellschaft. Postmoderne Perspektiven, Weinheim.

Kunstmann, Joachim (2002), Religion und Bildung. Zur ästhetischen Signatur religiöser Bildungsprozesse (Religionspädagogik in pluraler Gesellschaft 2), Gütersloh.

Kunstmann, Joachim (2004), Religionspädagogik. Eine Einführung, Tübingen.

Lämmermann, Godwin (1991), Grundriß der Religionsdidaktik, Stuttgart.

Lämmermann, Godwin (1994), Religionspädagogik im 20. Jahrhundert, 2. Aufl., Gütersloh.

Lämmermann, Godwin (2005), Religionsdidaktik. Bildungstheologische Grundlegung und konstruktiv-kritische Elementarisierung, Stuttgart.

Leonhard, Silke (2006), Leiblich lernen und lehren. Ein religionsdidaktischer Diskurs, Stuttgart.

Leonhard, Silke (2008), Das Spiel mit der Form – Dreh- und Angelpunkt performativer Religionsdidaktik?, in: Zeitschrift für Pädagogik und Theologie 60, 17–30.

Lindner, Konstantin u. a. (Hg.) (2017), Zukunftsfähiger Religionsunterricht. Konfessionell – kooperativ – kontextuell, Freiburg i. Br.

Lotz, Miriam/Lipowsky, Frank (2015), Die Hattie-Studie und ihre Bedeutung für den Unterricht. Ein Blick auf ausgewählte Aspekte der Lehrer-Schüler-Interaktion, in: Mehlhorn, Gerlinde (u. a.) (Hg.), Begabungen entwickeln und Kreativität fördern, München, 97-136.

Lübbe, Hermann (1986), Religion nach der Aufklärung, Graz.

Luhmann, Niklas (1977), Funktion der Religion, Frankfurt/M.

Maaß, Christoph/Simojoki, Henrik (2015), Minding the Gap: Overall Satisfaction and Perceived Daily Life Relevance of Confirmation Work, in: Schweitzer, Friedrich

(Hg.), Youth, Religion and Confirmation Work in Europe. The Second Study, Gütersloh, 125–134.

Manemann, Jürgen (2001), Ende des Menschen. Reflexionen im Zeitalter der Posttraditionalität, in: Orientierung 65, 231–234.

Marks, Matthias (2018), Religionspsychologie (Kompendien Praktische Theologie 1), Stuttgart.

Mendl, Hans (Hg.) (2005), Konstruktivistische Religionspädagogik. Ein Arbeitsbuch, Münster.

Mendl, Hans (2016), Religion zeigen – Religion erleben – Religion verstehen. Ein Studienbuch zum Performativen Religionsunterricht, Stuttgart.

Meyer-Blanck, Michael (2017), »Hoch motiviert« sachbezogen und schülerorientiert. Kommentar zu Daten und Auswertung, in: Rothgangel, Martin u. a. (Hg.), Praxis Religionsunterricht. Einstellungen, Wahrnehmungen und Präferenzen von ReligionslehrerInnen, Stuttgart.

Neidhart, Walter/Eggenberger, Hans (1975), Erzählbuch zur Bibel. Theorie und Beispiel, Zürich.

Niebergall, Friedrich (1911), Person und Persönlichkeit, Leipzig.

Niebergall, Friedrich (1920), Die religiöse Erziehung in Haus und Schule, Leipzig/Berlin.

Niebergall, Friedrich (1921), Zur Reform des Religionsunterrichts, Langensalza.

Nipkow, Karl E. (1963), Evangelische Unterweisung oder Evangelischer Religionsunterricht, 2. Aufl. Essen.

Nipkow, Karl E. (1975a), Grundfragen der Religionspädagogik, Bd. 1: Gesellschaftliche Herausforderungen und theoretische Ausgangspunkte, Gütersloh.

Nipkow, Karl E. (1975b), Grundfragen der Religionspädagogik, Bd. 2: Das pädagogische Handeln der Kirche, Gütersloh.

Nipkow, Karl E. (1982), Grundfragen der Religionspädagogik, Bd. 3: Gemeinsam leben und glauben lernen, Gütersloh.

Nipkow, Karl E. (1990), Bildung als Lebensbegleitung und Erneuerung, Gütersloh.

Obst, Gabriele (2008), Kompetenzorientiertes Lehren und Lernen im Religionsunterricht, Göttingen.

Obst, Gabriele (2015), Kompetenzorientiertes Lehren und Lernen im Religionsunterricht, 4. Aufl. Göttingen.

Oelkers, Jürgen (2005), Reformpädagogik. Eine kritische Dogmengeschichte, 4. Aufl. Weinheim/München.

Oser, Fritz/Gmünder, Paul (1984), Der Mensch – Stufen seiner religiösen Entwicklung. Ein strukturgenetischer Ansatz, Zürich.

Otto, Gert (1957), Verkündigung und Erziehung. Über das Verhältnis von Theologie und Pädagogik, Göttingen.

Otto, Gert (1964), Handbuch des Religionsunterrichts, Hamburg.

Otto, Gert (1972), Schule und Religion. Eine Zwischenbilanz in weiterführender Absicht, Hamburg.

Otto, Gert (1974), Was heißt Religionspädagogik?, in: ThPr 9, 156ff.

Otto, Gert (1986), Religion contra Ethik. Religionspädagogische Perspektiven, Neukirchen.

OTTO, GERT u. a. (1972), Neues Handbuch des Religionsunterrichts, Hamburg.

PANNENBERG, WOLFHART (1977), Ethik und Ekklesiologie. Gesammelte Aufsätze, Göttingen.

PESCH, OTTO H. (2008), Katholische Dogmatik aus ökumenischer Erfahrung 1, Ostfildern.

PIRNER, MANFRED (2012): Schüler/in – soziologisch, in: ROTHGANGEL, MARTIN/ADAM, GOTTFRIED/LACHMANN, RAINER (2012): Religionspädagogisches Kompendium, 7. völlig überarbeitete Auflage, Göttingen, 237-251.

PIRNER, MANFRED (2012a), Wie religiös müssen Religionslehrkräfte sein? Zur religiösen Kompetenz, Reflexionskompetenz und spirituell-religionspädagogischen Kompetenz, in: BURRICHTER, RITA/GRÜMME, BERNHARD/MENDL, HANS/PIRNER, MANFRED/SCHLAG, THOMAS (Hg.) (2012): Professionell Religion unterrichten, Stuttgart, 107-125.

RANDAK, OSKAR (1980), Therapeutisch orientierte Religionspädagogik, Düsseldorf.

RITZER, GEORG (2010), Interesse – Wissen – Toleranz – Sinn. Ausgewählte Kompetenzbereiche und deren Vermittlung im Religionsunterricht. Eine Längsschnittstudie (Empirische Theologie 19), Wien.

RICŒUR, PAUL (1974), Hermeneutik und Psychoanalyse, München.

RITTER, WERNER (2014), ReligionslehrerIn-Sein – zwischen Glaubens-, Lebenshilfe und Lernfach, in: HILGER, GEORG/LEIMGRUBER, STEPHAN/LINDNER, KONSTANTIN/SIMOJOKI, HENRIK/STÖGBAUER, EVA (Hg.) (2014), Religionsdidaktik Grundschule, München, 134-150.

ROSENGREN, KARL S. u. a. (2001), Imagining the impossible. Magical, scientific, and religious thinking in children, Cambridge.

ROTHGANGEL, MARTIN/ADAM, GOTTFRIED/LACHMANN, RAINER (2012): Religionspädagogisches Kompendium, 7. völlig überarbeitete Auflage, Göttingen.

ROTHGANGEL, MARTIN (2014), Religionspädagogik im Dialog I. Disziplinäre und interdisziplinäre Grenzgänge, Stuttgart.

ROTHGANGEL, MARTIN/LÜTZ, CHRISTHARD/KLUTZ, PHILIPP (2017): Praxis Religionsunterricht. Einstellungen, Wahrnehmungen und Präferenzen von ReligionslehrerInnen, Stuttgart.

SCHAMBECK, MIRJAM (2013), Interreligiöse Kompetenz. Basiswissen für Studium, Ausbildung und Beruf, Göttingen.

SCHLAG, THOMAS (2012), Zur didaktischen Kompetenz, in: BURRICHTER, RITA/GRÜMME, BERNHARD/MENDL, HANS/PIRNER, MANFRED/SCHLAG, THOMAS (Hg.) (2012): Professionell Religion unterrichten, Stuttgart, 126-139.

SCHLAG, THOMAS (2019), Schulische Voraussetzungen für den Umgang mit konfessioneller, religiöser und weltanschaulicher Vielfalt, in: EISENHARDT, SASKIA/KÜRZINGER, KATHRIN/NAURATH, ELISABETH/POHL-PATALONG, UTA (2019): Religion unterrichten in Vielfalt. Konfessionell – religiös – weltanschaulich, Göttingen, 68-75.

SCHLAG, THOMAS (2019), Religionspädagogik als Lebenswissenschaft, in: Zeitschrift für Theologie und Kirche. Jahrgang 116, 2/2019, Tübingen, 228-250.

SCHLEIERMACHER, FRIEDRICH (1957), Pädagogische Schriften, in: SCHULZE, THEODOR/WENIGER, ERICH (Hg.), Bd. 1: Die Vorlesungen aus dem Jahre 1826, Düsseldorf.

SCHLEIERMACHER, FRIEDRICH (1958), Über die Religion. Reden an die Gebildeten unter ihren Verächtern, Hamburg.

SCHMIDT, WERNER H. (1989), Einführung in das Alte Testament, 4. erw. Aufl. Berlin.

SCHRÖDER, BERND (2012), Religionspädagogik, Tübingen.

SCHRÖDER, BERND/EMMELMANN, MORITZ (2018): Religions- und Ethikunterricht zwischen Konkurrenz und Kooperation, Göttingen.

SCHWAB, ULRICH (2018), Religionsunterricht kompetenzorientiert gestalten. Ein Praxisbuch, Berlin.

SCHWEITZER, FRIEDRICH (1991), Lebensgeschichte und Religion. Religiöse Entwicklung und Erziehung im Kindes- und Jugendalter, München.

SCHWEITZER, FRIEDRICH u. a. (2002), Gemeinsamkeiten stärken – Unterschieden gerecht werden. Erfahrungen und Perspektiven zum konfessionell-kooperativen Religionsunterricht, Freiburg i. Br.

SCHWEITZER, FRIEDRICH u. a. (2006), Dialogischer Religionsunterricht. Analyse und Praxis konfessionell-kooperativen Religionsunterrichts im Jugendalter, Freiburg i. Br.

SCHWEITZER, FRIEDRICH u. a. (Hg.) (2010), Confirmation Work in Europe: Empirical Results, Experiences and Challenges. A Comparative Study in Seven Countries, Gütersloh.

SCHWEITZER, FRIEDRICH (2013), Das Recht des Kindes auf Religion, Gütersloh.

SCHWEITZER, FRIEDRICH u. a. (Hg.) (2015), Youth, Religion and Confirmation Work in Europe. The Second Study, Gütersloh.

SCHWEITZER, FRIEDRICH (2017), Die Bedeutung von Konfessionalität für einen zukunftsfähigen Religionsunterricht aus evangelischer Sicht, in: LINDNER, KONSTANTIN u. a. (Hg.), Zukunftsfähiger Religionsunterricht. Konfessionell – kooperativ – kontextuell, Freiburg i. Br., 41–54.

SIMOJOKI, HENRIK (2019), Kontextsensibles Unterrichten in konfessioneller, religiöser und weltanschaulicher Vielfalt, in: EISENHARDT, SASKIA u. a. (Hg.), Religion unterrichten in Vielfalt. Konfessionell – religiös – weltanschaulich, Göttingen, 54–60.

STALLMANN, MARTIN (1958), Christentum und Schule, Stuttgart.

STALLMANN, MARTIN (1963), Die biblische Geschichte im Unterricht, Göttingen.

STALLMANN, MARTIN (1968), Evangelischer Religionsunterricht, Düsseldorf.

STOCK, HANS (1960), Studien zur Auslegung der synoptischen Evangelien, 2. Aufl. Gütersloh.

STOCK, HANS (1969a), Beiträge zur Religionspädagogik, Gütersloh.

STOCK, HANS (1969b), Religionsunterricht in der »Kritischen Schule«, Gütersloh.

STOODT, DIETER (1972), Religiöse Sozialisation und emanzipiertes Ich, in: DAHM, KARL-WILHELM u. a. (Hg.), Religion – System und Sozialisation, Darmstadt, 189ff.

STOODT, DIETER (1975a), Religionsunterricht als Interaktion. Grundsätze und Materialien zum evangelischen Religionsunterricht der Sekundarstufe I, Düsseldorf.

STOODT, DIETER (1975b), Von der religiösen Erziehung zur religiösen Sozialisation, in: ARNDT, MANFRED (Hg.), Religiöse Sozialisation, Stuttgart, 11ff.

STREIB, HEINZ/GENNERICH, CARSTEN (2011), Jugend und Religion. Bestandsaufnahmen, Analysen und Fallstudien zur Religiosität Jugendlicher, Weinheim/München.

TIMM, HERMANN (1990), Wie modern ist die Welt? Ein theologischer Rückblick von außerhalb, in: EIFLER, GÜNTER u. a. (Hg.) (1990), Postmoderne: Aufbruch einer neuen Epoche? Eine interdisziplinäre Erörterung, Wien, 199-218.

VIERZIG, SIEGFRIED (1975), Ideologiekritik und Religionsunterricht. Zur Theorie und Praxis eines kritischen Religionsunterrichts, Zürich.

WELSCH, WOLFGANG (2002), Unsere postmoderne Moderne, 6. Aufl. Berlin.

Register